27

Ln. 20349.

RECVEIL

DE

TOVTES LES

PIECES FAITES PAR

Theophile, depuis
la prise iusques à present.

*Mises par ordre, comme vous voyez
à la Table suiuante.*

51

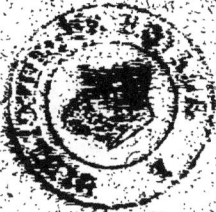

A PARIS,

M. DC. XXV.

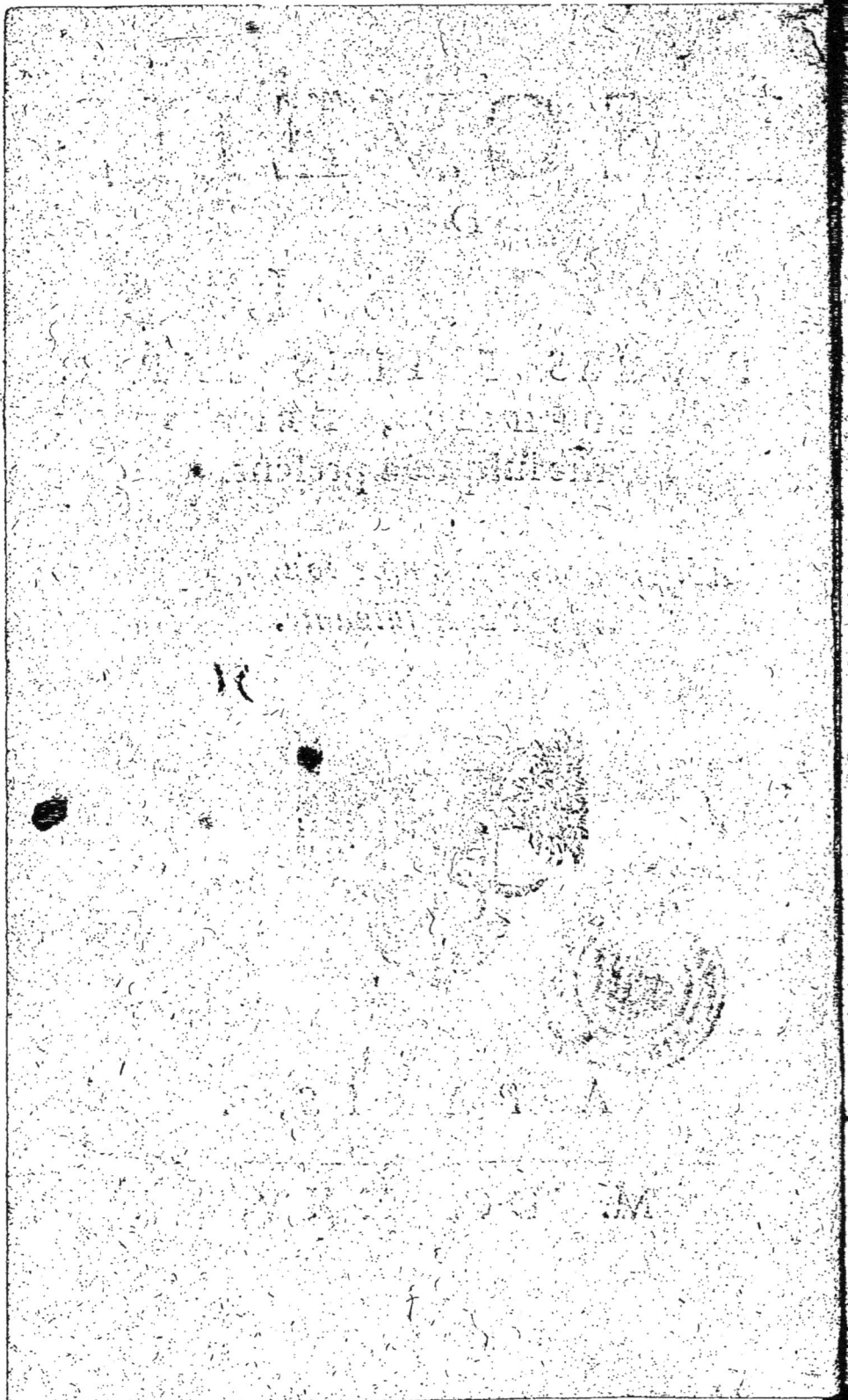

TABLE DES PIECES
contenuës en ce Recueil.

AV LECTEVR.

AMY Lecteur, on vous a cy-deuant com-
muniqué vn Recueil des pieces faites par
Theophile, depuis sa prise : mais ils ne vous
ont fait offre, que d'vn amas de discours mal
adjancez, supposez & empruntez de plusieurs
autres,

Parquoy ayant tout seul eu communication
des vrayes pieces que ledit Theophile a faites,
depuis sa prise iusques auiourd'huy, ie vous les
presente auec asseurance que vous ny trouue-
rez rien qui ne soit sorty de sa plume.   Adieu.

LA PLAINTE
DE THEOPHILE,
A SON AMY THIRSIS.

TIRCIS, *tu cognois bien dans le mal*
 qui me presse
 Qu'vn peu d'ingratitude est iointe à ta
  paresse,
Tout contre mon brasier ie te voy sommeiller,
Et ma cendre & mon mal se deuroit esueiller.

Tu sçais bien qu'il est vray que mon procez s'acheue,
Qu'on va bien tost brusler mon pourtraict à la Greue,
Que desia mes amis ont trauaillé sans fruict
A preuenir l'horreur de cest infame bruict.

Que le Roy me delaisse, & qu'en ceste aduanture
Vne iuste douleur doit forcer ma nature:
Que le plus resolu ne peut sans souspirer
Entendre les ennuis où tu me vois durer.

Sçache aussi que mon ame est presque toute vsee,
Que Cloton tien mes iours au bout de sa fuzee!
Qu'il faut que mon espoir se rende à mes malheurs,
Et que mon iugement me conseille mes pleurs.

Que si mon mauuais sort a finy la duree,
De la saincte amitié que tu m'auois iuree,

A

Comment suiuant le cours du naturel humain,
Tu me vois tresbucher sans me donner la main.

Pour le moins fay semblant d'auoir vn peu de peine,
Voyant le precipice ou le Destin me traisne,
Afin qu'vn bruit fascheux ne vienne a me blasmer,
D'auoir si mal cogneu qui ie deuois aymer.

Damon qui nuit & iour pour esuiter ce blasme
S'obstine à trauailler & du corps & de l'ame,
M'asseure pour le moins en son petit secours
Que sa fidelité me durera tousiours.

Il ne tient pas à luy que l'iniuste licence
De mes persecuteurs ne cede à l'innocence:
Il fait tout ce qu'il peut pour escarter de moy
Les perils qui me font examiner ta foy.

Sans eux ie n'aurois veu iamais ton ame ouuerte,
Tousiours ta laschete m'auoit esté couuerte,
L'excez de mon malheur n'est cruel qu'en ce point
Qui me dit, malgré moy, que tu ne m'aymes point.

Si le moindre rayon de la vertu t'esclaire,
Souuiens-toy qu'on t'a veu dans le soin de me plaire
Et qu'auant la disgrace où tu me voy soubmis
Tu faisois vanité d'estre de mes amis.

Regarde que ton cœur se lasche & m'abandonne
Dés le premier essay que mon mal-heur te donne:
Et que tu sçay mon sort n'estre auiourd'huy batu
Que par des trahisons qu'on fait à ma vertu.

Toy-mesme qui me vois au fonds de ma pensee,
Qui sçais comme m'a vie s'est cy-deuant passee,
Et que dans le secret d'vn veritable amour
Mon esprit innocent, s'est peint cent fois le iour.

Tu sçais que d'aucun tort, ton cœur ne me soupçone,
Que ie n'ay ny trompé, ny fait tort à personne,

Que depuis m'estre instruit en la Romaine Loy,
Mon ame dignement a senty de la Foy.

Et que l'vnique espoir de mon salut se fonde
En la Croix de celuy qui racbepta le monde?
Mon cœur se porte là d'vn mouuement tout droit,
Et croit asseurement ce que l'Eglise croit.

Bien que des imposteurs, qu'vne aueugle ignorance
S'oppose absolument aux libertez de France
Fasse courir des bruits que mon sens libertin
Confond l'Autheur du monde auecque le destin.

Et leur impertinence a fait croire à des femmes
Que i'estois vn Prescheur à suborner les ames:
On dit pis de ma vie, on parle plus de moy,
Que si i'auois traitté d'exterminer la Loy.

On fait voir en mon nom des odieuses rithmes,
Pour perdre vn innocent & professer des crimes,
Ils ont gait sous mes pas des creux de toutes parts,
Ont eu des espions à guetter mes regards.

Ont destourué de moy ceux dont les bons genies
Tenoient auecque moy leurs volontez vnies,
Ils ont auec Satan contre moy partisé,
A force de mesdire ils m'ont desbauisé.

Sans autre fondement qu'vne enuieuse rage,
Contre des passe-temps où m'a porté mon aage,
Vn plaisir naturel, où mes esprits enclins
Ne laissent point de place à mes desirs malins.

Vn diuertissement qu'on doit permettre à l'homme,
Ce que sa Sainčteté ne punit pas à Rome:
Car la necessité que la Police suit,
Punissant ce peché ne fait pas peu de fruit.

Ce n'est pas vne tache à son diuin Empire,
Car tousiours de deux maux faut euiter le pire

Encore ay-ie vn defaut contre qui leur aboy
Esclatte hautement : c'est Tircis que ie boy.

    Ils pensent que le vin soit le feu qui m'inspire
Ceste facilité dont tu me vois escrire:
Et qu'on ne me sçauroit ouyr parler Latin,
Si ce n'est que ie sois à la pomme de Pin.

    Ils croyent que le vin m'ayant gasté l'haleine
M'a plus fait de bourgeons qu'on n'en peint a Silene,
Ie croy que ma desbauche en ses plus grands efforts,
Ne m'empescha iamais, ny l'esprit ny le corps.

    Mes plus sobres repas meritent des censures,
Par tout, ma liberté ne sent que des morsures.
Il est vray que mon sort en cecy est mauuais,
C'est que beaucoup de gens sçauent ce que ie fais.

    Quelques lieux si cachez, ou mon peché se niche,
Aussi tost mon peché au carrefour s'affiche:
Par tout où on me void ie suis tousiours à nu,
Tout le crime que i'ay, c'est d'estre trop cogneu.

    Que malgré ma bonté ceste gloire legere
D'auoir vn peu de bruit, m'a causé de misere;
Que mon sort estoit doux s'il eust coulé mes ans,
Où les bords de Garonne ont les flots si plaisans.

    Tenant mes iours cachez dans ce lieu solitaire,
Nul que moy ne m'eust fait, ny parler ny me taire,
A ma commodité i'aurois eü le sommeil,
A mon gré i'aurois pris & l'ombre & le Soleil.

    Dans ces valons obscurs, ou la mere Nature
A pourueu nos troupeaux d'eternelle pasture
I'aurois eu le plaisir de boire à petits traits,
D'vn vin clair, petillant, & delicat, & frais.

    Qu'vn terroir assez maigre, & tout coupé de roches
Produit heureusement sur des montagnes proches

Là mes freres & moy pouuions ioyeusement,
Sans Seigneur, ny vassal, viure assez doucement.

Là tous ces mesdisans, à qui ie suis en proye
N'eussent point enuié, ny censuré ma ioye,
I'aurois suiuy par tout l'obiect de mes desirs,
I'aurois peu consacrer ma plume à mes plaisirs.

Là d'vne passion, ny ferme, ny legere,
I'aurois donné mon feu aux yeux d'vne Bergere,
Dont le cœur innocent eust contenté mes vœux
D'vn bracelet de chanure, auecques ses cheueux.

I'aurois dans ce plaisir si bien flatté ma vie
Que l'orgueil de Caliste en eust creué d'enuie,
I'aurois peint la douceur de nos embrasemens
Par tous les lieux tesmoins de nos embrassements.

Et comme ce climat est le plus beau du monde
Ma veine en eust esté mille fois plus feconde:
L'aisle d'vn papillon m'eust plus fourny de vers
Qu'auiourd'huy ne feroit le bruict de l'Vniuers.

Et s'il faut malgré moy, que mon esprit se picque
De l'orgueilleux dessein de son poëme heroïque,
Il faut bien que ie cherche vn plus libre seiour,
Que celuy de Paris, ne celuy de la Cour.

Si ma condition peut deuenir meilleure,
Que le Roy me permette vne retraitte seure,
Que ie puisse trouuer en France vn petit coin,
Ou mes persecuteurs me trouuent assez loin.

Dans le doux souuenir d'estre sorty de peine,
De quelles gayetez nourriray-ie ma veine?
Lors tu seras honteux qu'en mon aduersité
Ie t'aye tant de fois en vain sollicité.

D'auoir abandonné le train d'vne fortune
Qu'il te falloit auoir auecque moy commune:

Recherche en tes defirs, ores ſi refroidis
Si tu m'es auiourd'huy ce que tu fus iadis.

Ie t'euſſe fait iadis paſſer les Pirenees,
I'euſſe attaché tes iours auecque mes annees,
Et conduit tes deſſeins au cours de mon deſtin.
Des bords de l'Occident, iuſqu'au flot du matin.

Et ie n'ay rien commis, meſme dans mon courage
Qui te puiſſe obliger à me tourner viſage,
Depuis ie n'ay rien fait, & i'en iure les Dieux,
Que d'aymer, ô Tircis, tous les iour vn peu mieux.

Helas, ſi mon malheur auoit vn peu de crime,
Ma raiſon trouueroit ta froideur legitime,
Ie me conſollerois, de ne trouuer dequoy
Ie me peuſſe en mon mal, me venger que de moy.

Vn reſte d'amitié fait qu'auiourd'huy i'enrage
De ſentir que celuy que ie cheris m'outrage:
Tu voy bien que le ſort ſans yeux ne iugement
Tourne tes volontez auec ſon changement.

Depuis mon accident tu m'as trouué funeſte,
Tu crois que mon abord te doit donner la peſte,
Tu m'accuſe par tout où tu me vois blaſmer,
Et tu me hay autant que tu me dois aymer.

Au moins aſſeure toy, quoy que le temps y faſſe
Qu'vn ſi perfide orgueil n'aura iamais de grace:
Ie voy bien que mes maux acheueront leurs cours,
Qu'vn Soleil plus heureux achenera mes iours.

Que ma bonne fortune eſcraſera l'enuie
Malgré les cruautez qui font gemir ma vie:
Au bout du deſeſpoir paroiſtra mon bon-heur,
Toute ceſte infamie accroiſtra mon honneur.

Ce n'eſt pas aux enfans d'vne commune race,
Quelque ſi grand pouuoir, dont le corps me menace,

Quelque trespas honteux, dont le cruel deſſein
S'agite contre moy , dans leur perfide ſein.

    Et comme malgré moy tu t'es rendu perfide,
Comme malgré l'honneur, tu t'es monſtré timide
Parmy tous mes trauaux , ſçache que malgré toy
Ie garderay touſiours mon courage & ma ſoy,

    Et l'obſtination de la malice noire
Auec ma patience augmentera ma gloire.

LA PENITENCE
de Theophile.

A V iourd'huy que les Courtiſans
    Les Bourgeois & les Artiſans,
Et les peuples de la campagne,
Pour noyer les ſoins du treſpas
Paſſent les exceds d'Allemagne
En leur voluptueux repas.

    Que le ieu, la dance & l'amour
Occupent la nuict & le iour,
Des enfans de la douce vie,
Que le cœur le plus deſbauché
Contente la plus molle enuie
Que luy fourniſſe le peché.

    Que les plus modeſtes deſirs
Ne reſpirent que les plaiſirs,
Que les iuths par toute la terre
Ont fait taire les piſtolets.
En cacher les Dieux de la guerre
Dans la machine des Ballets.

    Mon ieu, ma dance & mon feſtin,

Se font auec Sainct Augustin,
Dont l'aymable & saincte lecture
Est icy mon contrepoison
En la miserable aduanture
Des longs ennuis de ma prison.

 Celuy qui d'vn pieux deuoir
Employa l'absolu pouuoir
A borner icy mon estude,
L'enuoya pour m'entretenir
Dans ceste estroitte solitude,
Dont il voulut m'entretenir.

 Parmy le celeste entretien
D'vn si beau liure & si Chrestien,
Ie me mesle à la voix des Anges,
Et transporté de cest honneur
Mon esprit donne des louanges
A qui m'a causé ce bon-heur.

 Ie voy dans ces diuins escrits
Que l'orgueil des plus grands esprits
Ne sert au sien que de Trophee,
Et que la sotte Antiquité
Souspire & languis estouffee,
Sous le ioug de la verité.

 Tous ces demons du temps passé,
Dont il a viuement tracé
Les larcins & les adulteres,
Sont moins que fantosmes de nuict
Deuant les glorieux mysteres
Du grand Soleil qui nous reluit.

 Tous ces grands Temples si vantez,
Dont tant de siecles enchantez
Ont suiuy les fameux oracles,

N'ent

N'ont plus de renom ny de lieu,
Et desormais tous les miracles
Se font en la Cité de Dieu.

Grande lumiere de la Foy,
Qui me donnez si bien dequoy
Me consoler dans ses tenebres,
Mon desespoir le plus mordant,
Et mes soucis les plus funebres
Se calment en te regardant.

Ie ne te puis l'ire si peu,
Qu'aussi tost vn celeste feu
Ne me perce au profond de l'ame,
Et que mes sens faits plus Chrestiens.
Ne gardent beaucoup de flame
Qui me font esclatter les tiens.

Ie maudis mes iours desbauchez,
Et dans l'orreur de mes pechez,
Benissant mille fois l'outrage
Qui m'en donne le repentir:
Ie trouue eneor en mon courage
Quelque espoir de m'en garentir.

C'est espoir prend à son secours
Le souuenir de tant de iours,
Dont la ieune & grande licence,
Eust besoin des confessions,
Qui chercherent de l'innocence
Pour tes premieres actions.

Grand Sainct pardonne à ce captif,
Qui d'vn emprunt lasche & furtif,
Porte icy ton diuin exemple,
Presse d'vn accident mortel,
I'entre tout sanglant dans le Temple,

B

Et me fers du droit de l'Autel.

    Alors que mes yeux indifcrets
Ont trop percé dans tes fecrets
IESV S m'a mis dans la penfee
Qu'il fe fit ouurir le cofté,
Et que fa vene fut percee
Pour lauer noftre iniquité.

    Efprits heureux puis qu'auiourd'huy
Tu contemples auecques luy
Les felicitez eternelles,
Et que tu me vois empefché
Des affections criminelles,
De l'obiect mortel du peché.

    Iette vn peu l'œil fur ma prifon
Et portant de ton oraifon
La foibleffe de ma priere:
Gaigne pour moy fon amitié,
Et me rends la digne matiere
Des mouuements de fa pitié

    Ie confeffe que iuftement
Vn fi rude & fi long tourment
Voit tarder fa mifericorde,
Mais ny ma plume ny ma voix
N'ont iamais rien fait que n'accorde
La douceur des humaines Loix.

    Et puis que Dieu m'a tant aymé
Que d'auoir icy renfermé
Les pauures Mufes eftonnces,
Sous les aifles du Parlement :
Les mefchans perdrons leur iournees
A me creufer le monument.

    Auguftin ouure icy tes yeux:

Ie proteste deuant les Cieux,
La main dans les fueillets du liure,
Où tu m'as attaché les sens :
Qu'il faut pour m'empescher de viure
Faire mourir les innocens.

REQVESTE DE THEOPHILE,
AV ROY.

AV milieu de mes libertez
   Dans vn plein repos de ma vie
Où mes plus molles voluptez,
Sembloient auoir passé l'enuie,
D'vn traict de foudre inopiné
Que ietta le Ciel mutiné,
Dessus le comble de ma ioye,
Mes desseins se virent trahis,
Et moy d'vn mesme coup la proye,
De tous ceux que i'auois hays.

   Le visage des Courtisans,
Se peignit en ceste auanture:
Des Couleurs dont les medisans,
Voulurent peindre ma Nature,
Du premier trait dont le malheur,
Separa mon destin du leur,
Mes amis changerent de face;
Ils furent tous muets & sourds,
Et ie ne vis en ma disgrace,
Rien que moy mesme à mon secours.
   Quelques foibles solliciteurs,

Faiſoient encor vn peu de mine,
D'arreſter mes perſecuteurs,
Sur le penchant de ma ruine:
Mais en vn peril ſi preſſant,
Leur ſecours fut ſi languiſſant,
Et ma guariſon ſi tardiue,
Que la raiſon me reſolut,
A voir ſi quelque eſtrange riue
M'offriroit vn port de ſalut.

Ie fus long temps a deſſeigner,
Où i'irois habiter la terre,
Et ſur le point de m'eſloigner,
Mille pleurs me faiſoient la guerre:
Car le Soleil qui chaſque iour
Fait ſi viſte vn ſi large tour
Ne viſite point de contree,
Où ces chefs de diſſentions,
Ne donnent ayſement l'entree,
A quelqu'vn de leurs eſpions.

Apres cinq ou ſix mois d'erreurs,
Incertains en quel lieu du monde,
Ie pourrois aſſeoir les terreurs,
De ma miſere vagabonde,
Vne introyable trahiſon
Me fit rencontrer ma priſon,
Où i'auois cherché mon Aſyle,
Mon protecteur fut mon Sergent,
O grand Dieu qu'il eſt difficile,
De courre auecque de l'argent.

Le billet d'vn Religieux,
Reſpecté comme des Patentes
Fit eſpier en tant de lieux,

Le porteur des Muses errantes,
Qu'à la fin deux meschans Preuosts
Fort grands volleurs, & tres-deuots,
Priants Dieu comme des Apostres,
Mirent la main sur mon collet,
Et tous disans leur Patenostres
Pillerent iusqu'à mon vallet.

A l'esclat du premier apas,
Esblouys vn peu de la proye,
Ils doutoient si ie n'estois pas
Vn faiseur de fausse monnoye:
Ils m'interrogeoient sur le pris
Des quadruples qu'on m'auoit pris
Qui n'estoient pas au coing de France:
Lors il me print vn tremblement
De crainte que leur ignorance
Me iugeast Preuostablement.

Ils ne pouuoient s'Imaginer
Sans soupçon de beaucoup de crimes,
Qu'on trouuast tant à butiner
Sur vn simple faiseur de rimes,
Et quoy que l'or fut bon & beau
Aussi bien au iour qu'au flambeau,
Ils croient me voyant sans peine,
Quelque fonds qu'on me desrobat,
Que c'estoient des fueilles de chesne
Auec la marque du Sabat.

Ils disoient entr'eux sourdement
Que ie parlois auec la Lune
Et que le Diable asseurement
Estoit autheur de ma fortune:
Que pour faire seruice à Dieu

Il falloit bien choisir vn lieu,
Où l'obiect de leur tyrannie
Me fit sans cesse discourir
Du trespas plein d'ignominie,
Qui me deuoit faire perir.

Sans cordon, iardieres ny gans.
Au milieu de dix hallebardes
Ie flatois des gueux arrogands
Qu'on m'auoit ordonné pour gardes:
Et nonobstant chargé de fers
On m'enfonce dans les Enfers,
D'vne profonde & noire caue,
Où l'on n'a qu'vn peu d'air puant,
Des vapeurs de la froide baue
D'vn vieux mur humide & gluant.

Dedans ce commun lieu de pleurs
Où ie me vis si miserable,
Les assassins & les volleurs
Auoient vn trou plus fauorable:
Tout le monde disoit de moy
Que ie n'auois ny Foy ny Loy,
Qu'on ne cognoissoit point de vice
Où mon ame ne s'addonnat,
Et quelque traict que i'escriuisse
C'estoit pis qu'vn assassinat.

Qu'vn sainct homme de grand esprit,
Enfant du bien-heureux Ignace,
Disoit en chese & par escrit
Que i'estois mort par contumace,
Que ie ne m'estois absenté
Que de peur d'estre execute
Aussi bien que mon effigie,

Que ie n'eſtois qu'vn ſuborneur,
Et que i'enſeignois la magie
Dedans les Cabarets d'honneur.

Qu'on auoit bandé les reſſors
De la noire & forte Machine,
Dont le ſouple & le vaſte corps
Eſtand ſes bras iuſqu'à la Chine:
Qu'en France & parmy l'eſtranger
Ils auoient dequoy ſe venger,
Et dequoy forger vne foudre,
Dont le coup me ſeroit fatal,
En deuſt-il couſter plus de poudre
Qu'ils n'en perdirent à V vital.

C'eſt la
maiſon
du Roy
d'Angle
terre.

Que le Gaillard Pere Guerin,
Qui tous les iours fait dans la cheſe
Plus de leçons à Tabarin
Qu'à tous les Clercs d'vn Dioceſe,
Ce vieux baſteleur deſguiſé,
Comme s'il euſt bien diſpoſé
Et Terre & Ciel à ma ruine
Preſchoit qu'à peu de iours de là
La Iuſtice humaine & Diuine
M'immoleroit à Loyola.

Que par le ſentiment Chreſtien
D'vne charité volontaire,
Infinité de gens de bien,
Auoient entrepris mon affaire,
Qu'on eſtoit ſi fort irrité
Qu'en deſpit de la verité,
Que Ieſus-Chriſt a tant aymee,
Pour les intereſts du Clergé
On me vouloit voir en fumee

Soudain que ie ſeroûiugé.

Ou employe de par le Roy,
De la force & de l'artifice :
Comme ſi Lucifer pour moy,
Euſt entrepris ſur la iuſtice,
A Paris ſoudain que i'y fus
I'entendois par des bruits confus
Que tout eſtoit preſts pour me cuire,
Et ie doutois auec raiſon,
Si ce peuple m'alloit conduire
A la Greue ou dans la Priſon.

Icy donc comme en vn tombeau,
Troublé du peril où ie reue,
Sans compagnie & ſans flambeau,
Touſiours dans le diſcours de Greue
A l'ombre d'vn petit faux iour,
Qui perce vn peu l'obſcure tour,
Où les bourreaux vont à la queſte :
Grand Roy l'honneur de l'Vniuers,
Ie vous preſente la Requeſte
De ce pauure faiſeur de Vers.

Ie demande premierement,
Qu'on ſupprime ce grand volume
Qui braue trop inſolemment,
La captiuité de ma plume,
Et que Monſieur le Cardinal,
Apres m'auoir fait tant de mal,
Pour l'amour de Dieu ſe retienne :
Il va contre la charité
Et choque vne vertu Chreſtienne,
Quant il choque ma liberté.

Qu'on remonſtre aux Religieux

A qui

A qui mon nom semble vn blaspheme,
Que leur zele est iniurieux,
De vouloir m'oster le Baptesme,
Que les crimes qu'ils ont preschez,
Incogneus aux plus desbauchez,
Sont controuuez pour me destruire,
Et sement vn subtil apas,
Par où l'ame se peut instruire,
Au vice qu'elle ne sçait pas.

    Que si ma plume auoit commis,
Tout le mal qu'ils vous font entendre,
La fureur de mes ennemis,
M'auroit desia reduit en cendre,
Que leurs escrits & leurs abbois,
Qui desia depuis tant de mois,
Font la guerre a mon innocence,
M'auroient fait faire mon procez,
Si dans ma plus grande licence,
Ie n'auois esuité l'excez,

    Que c'est vn procedé nouueau,
Dont Ignace estoit incapable:
De fouiller l'air, la terre & l'eau,
Pour rendre vn innocent coulpable:
Qu'autrefois on a pardonné,
Ce carnanal desordonné:
De quelques-vns de nos Poëtes,
Qui se trouuerent conuaincus,
D'auoir sacrifié des bestes,
Deuant l'Idole de Baccus,

    Qu'à mon exemple nos rimeurs,
Ne prendront point ce priuilege,
Et que mes escrits & mes mœurs,

C

Ont en horreur le sacrilege,
Que mon Confesseur soit tesmoin,
Si ie ne rends pas tout le soin,
Qu'vn bon Chrestien doit à l'Eglise,
Et qu'on ne voit qu'en aucun lieu,
Qu'vn vers de ma façon se lise,
Qui soit au deshonneur de Dieu.

    Que l'honneur, la pitié, le droit:
Sont violez en ma poursuitte,
Et que certain Pere voudroit,
N'auoir point empesché ma fuitte,
Mais la honte d'auoir manqué
Ce qu'il a si fort attaqué
Demande qu'on m'aneantisse:
De peur que me rendant au Roy,
Les marques de son iniustice,
Ne suruiuent auecques moy.

    Iuste Roy protecteur des Loix:
Vous sur qui l'equité se fonde,
Qui seul emportez sur les Roys,
Ce tiltre le plus beau du monde,
Voyez auec combien de tort,
Vostre Iustice sent l'effort,
Du tourment qui me desespere,
En France on n'a iamais souffert,
Ceste procedure estrangere,
Qui vous offense & qui me perd.

    Si i'estois du plus vil mestier,
Qui s'exerce parmy les ruës,
Si i'estois fils de Sauetier,
Ou de vendeuses de Mornes:
On craindroit qu'vn peuple irrité,

Pour punir la temerité
De celuy qui me persecute
Ne fit auec sedition
Ce que sa fureur execute
Et son aueugle emotion.

Apres ce iugement mortel
Où l'on a veu ma renommee,
Et mon pourtraict sur leur Autel
N'estre plus qu'vn peu de fumée,
Falloit il chercher de nouueau,
Les matieres de mon tombeau,
Falloit-il permettre à l'enuie,
D'employer ses iniustes soins
Pour faire icy languir ma vie,
En l'attente des faux tesmoins.

Mais quelques peuples si loingtains
Dont la nouuelle intelligence,
Puisse accompagner les desseins,
De leur cruelle diligence,
Que des Lutins, des loups-garoux,
Obeyssans à leur courroux,
Viennent icy pour me confondre
Dieu qui leur serrera la voix
Pour mon salut fera respondre,
La saincte authorité des Loix,

Qui peut auoir assez de front,
Quels fels ont assez de licence,
Pour ne se taire auec affront,
A l'abord de mon innocence?
Et quoy que la canaille ait dit,
Pour l'argent ou pour le credit,
Dont on leur a ietté l'amorce,

C ij

Dans les mouuemens de leurs yeux,
On verra qu'ils parlent par force,
Deuant des Anges & des Dieux.

   O grand Maistre de l'Vniuers,
Puissant autheur de la nature,
Qui voyez dans ces cœurs peruers,
L'apparcil de leur imposture,
Et vous Sainéte Mere de Dieu,
A qui les noirs creux de ce lieu:
Sont aussi clairs que les estoilles,
Voyez l'horreur ou l'on m'a mis;
Et me desueloppez des toilles,
Dont m'ont enceint mes ennemis.

   SIRE, iettez vn peu vos yeux,
Sur le precipice où ie tombe,
Sainéte Image du Roy des cieux,
Rompez les maux où ie succombe,
Si vous ne m'arrachez des mains,
De quelquels morgueurs inhumains,
A qui mes maux donnent à viure.
L'Hyuer me donnera secours,
En me tuant il me deliure,
De mille trespas tous les iours:

   Qu'il plaise à vostre Maiesté,
De se remettre en la memoire
Que par fois mes vers ont esté
Les Messagers de vostre gloire,
Comme pour accomplir mes vœux,
Encor aiiourd'huy ie ne veux,
R'auoir ma liberté premiere,
Que pour la mettre en ce deuoir
Et ne demande la lumiere,

Que pour l'honneur de vous reuoir.

    Dans ces lieux voüez au malheur,
Le Soleil contre sa nature,
A moins de iour & de chaleur
Que l'on n'en fait à sa peinture
On n'y void le ciel que bien peu,
On n'y void ny terre ny feu,
On n'eurt de l'air qu'on y reſpire,
Tous les obiects y ſont glacez
Si bien que c'eſt icy l'Empire
Où les viuans ſont treſpaſſez.

    Comme Alcide força la mort
Lors qu'il luy fit laſcher Theſee,
Vous ferez auec moins d'effort
Choſe plus grande & plus ayſee,
Signez mon eſlargiſſement;
Ainſi de trois doigts ſeulement
Vous abbatrez vingt & deux portez:
Et romprez les barres de fer
De trois grilles qui ſont plus fortes
Que toutes celles de l'Enfer.

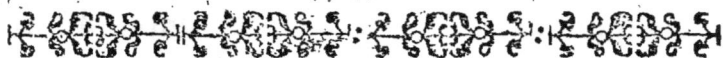

THEOPHILVS IN CARCERE.

VEtus eſt & procera ædificij moles à primis
Pariſienſib⁹ (niſi me fefellit æditui fides)
in naſcentis vrbis propugnaculum extructa, tam
denſa vi murorum & portarum tuta, vt ipſius
(credo) fulminis impetum illæſus carceris adit⁹
valeat eludere : in ea ego turri totos ſex menſes

nocte vnica, vt in Leſtrigonū cœlo, mihi videor
exegiſſe, adeo hic temporis ſpatia nullo diſcri-
mine diuidūtur, Solis radiis perpetua velut eclip-
ſi laborantes, alterâ tantum horâ circa meri-
diem tentant fallere cæcitatem loci, & per re-
motiſſimi foraminis ſinuoſa concaua tenuiſſi-
mos effundūt luminis tractus, quauis lucernula
pallidiores, reliquis horis minutiſſima candela
tāquam fuſcum & fuliginoſum Vulcanum velut
in cornu concluſum gerit, & in tantam tenebra-
rum vaſtitatem, tam exiguam ſpargit lucem, vt
vix illius ope diſcuſſa tantiſper caligine, poſſint
oculi in ſalebroſo latibulo greſſum dirigere:
quam libet autem proximè admotâ flammâ
quippiam vel maiuſculis caracteribus excuſſum
lectione conſequi non minimæ ſit operæ, & ſi
maximè concedatur ampliorem facem in atram
adeo obſcuritatem accendere, non ferat craſſi
aëris periculoſa temperies: totius enim aut cibi
aut olei pinguiores fumos cum anhelitu ducas
neceſſe eſt, & ſiue dormias, ſiue vigiles non
niſi morbidum ſpiritum haurire queas. Iſtic autem quidquid videris horridum, quidquid cal-
caueris ſordidum, quidquid attigeris aſperum,
quidquid comederis fætidum, quidquid biberis
gelidum eſt, & ne qua euadenti ſpe tam ingratæ
vitæ moleſtiæ mihi leniantur, neuè diutiſſimæ
ſeruitutis tædia etiam irritis ad libertatem co-
natibus ſolari poſſim, in iſtius arcis cellula dua-
bus ſupra viginti portis arctata latere iubeor, è
tam ſedulâ cuſtodiâ quiuis certè validiſſimus
perperam exitum moliatur, dulce tamen eſt

miseris, quamquam falsò ad meliora niti, nihilo secius, quam si quis in mari medio, mergentibus vndis, incassùm obluctetur, grauius pereat, nisi liberis ad natatum membris etiam diutius mori naufrago. conceditur: est enim aliquid liberum de consequenda libertate cogitare, quod hic solatii nemo sanæ mentis sibi polliceri queat, tam crebris ferrorum septis quamtumuis angustus densissimi muri aditus clauditur, spisso cardine, grauibus pessulis, innumeris clauibus, quos melius cuneòs dicas vniuersa compago tutissimè nectitur, atque in eum modum ferratæ portæ, nullis licet obseratæ clauibus, & obicibus nullis oppessulatæ, solo pondere vt mole sua euasuros inhibere posse videantur, dura ligna, surdos lapides, rauca ferra nullis rimulis cuiuspiam aut oculis aut auribus apperta, nulla querela flectas, nulla arte fallas, nulla vi frangas, ipsum puto Iouem incassùm per hæc inuia aureos suos imbres emissurum: imminet enim talibus insidiis hic à proxima vicinia nobilisimus totius Galliæ Senatus rigidus æquitatis vindex. Amplissimi Senatores, Sanctissimi iudices, quos in celeberrimo Themidis Templo columnas diceres, nisi magis deceret esse Deos, omnibus mortalium technis ingenia diuina supra sunt, nullis adulationibus animo intimæ virtutis capias, nullis muneribus munificentissimos homines allicias: sunt enim plerique omnes præclaro genere orti, & quibus iampridem res familiaris Maioribus suis ampla fortunæ securos facit non auctoritate quam

pietate dignitas maior: Innocentia demum est
quæ illorum fibi fuffragia vendicat, æqua laude
& obfcuris & nobilibus iura reddunt, nullo de-
lectu in Patriciorum aut plebis mores animad-
uertunt: funt illi rerum Domini de quibus tam
magnificè facra pagina prædicateffe Deos, fi
quidem & lucem & elementa quibuflibet mortalium aut prohibent, aut largiuntur : illorum
ceruicibus non vt Atlanti cœlum puro aëre &
igneis fuis circulis leniffimum, fed tota tellus
tot faxis horrida, tot fentibus hifpida, tot aquis
turgida, tot grauida metallis incumbere verè
dicitur: illorum nutu quælibet munitæ pandun-
tur portæ, illorum ope fcio quantumuis alta
maloru voragine tadem emerfurum (Vtinam
Iudices, qui me tam diris nominibus apud vos
criminatus eft Garaffus, noffet & famæ inge-
nium & meum, Illa enim tam ficti quam veri
nuntia, ego verò cætera prauus, illud certè ve-
racem effe me & intemeratæ fidei nemo qui me
nouit diffitetur, non aduertit malè feriatus ho-
mo iftam maledicendi licentiam, qua me, licet
ignotum, tam petulanter inuadit: non aduertit,
inquam malè cautus calumniator fua ifta ob-
trectandi rabiè lædei æquiffimorum iudicum in-
tegritatem, & tanta fallacia fufceptis votis malè
refpondere furentis animum. Mirum nefcire
illum nocendi artem, cui noctes, diefque infu-
det, in meam famam iam à fuis primordiis im-
peritæ turbæ nebulonibus inuifam Garaffus im-
prudens, integris voluminibus debacchatur,
cæco certè confilio & ftilo languido, feruidis
adeo

adeo irarum motibus longè impari liceat & for-
tafsè nobis tam inuidiofæ calumniæ debitam
vicem rependere. Et ni reuerentia morum &
Chriftiana probitas vetet, quantulacumque eft
ingenij noftri acies, tot aduerfis retufa, tot fa-
cta malis, eam in lethiferas illas tot tuorum a-
nimorum minas vbicunque ftringere non expa-
uefcam : fed Deus meliora! non licet hîc nobis
clauum clauo pellere, aut conuiciantibus con-
uiciari. Apagè, fcelus homine Chriftiano indi-
gnum, imò & dum mea fe tutatur innocentia,
ne tuus error cuiuis pateat, uolui vernaculo fer-
mone tuas ineptias prodere ignauæ plebi, cui
tu tantum ftudes? atque è fociis tuis aliquem
hodie, me actore, tui criminis fieri confcium
erubefco; fad tue me impulit infania vt fanè lo-
querer, tua me adigunt mendacia vt vera dicam.
Primum omnium ne in genus meum tibi non
cognitum dum cauillaris inutilem operam lu-
das : fcito mihi Auum fuiffe Reginæ Nauarræo-
rum à fecretis, patrem à tenebris annis quibus
decuit fumptibus literis humanioribus incu-
buiffe, & cum ad Iurifprudentiam animum ap-
puliffet, vna aut altera tantum orata caufa, tu-
multu bellico à foro Burdigallenfi ad noftrates
feceffit, vbi etiam pace redeunte, ruftico otio
délinitus in opimi foli fundo innocentiffimós
exegit dies, Domus eft in ripa Garonæ fita cæ-
teras vicinorum ædiculas fatis humili turricula
atauis extructa fupereminens. Frater illi primo-
genitus, meus patruus, dum Regi Henrico mi-
litat, præfecturam adeptus eft non ignobilis vr-

D

bis inter Aginnattes Turnonum vocant, ibique
diem obijt, quantá famá alter ocio & litteris,
hîc labore & armis ad tumulum deuenerint
non maximi negocijeſt per cunctari, quam nos
colimus paternam hæreditatem dimidia demum
leuca diſtat ab vbercula quam Portum vocant
cui cognomen eſt à Diua Maria Virgine. Eam
demum quam tu Cauponam vocas, Aulici plures atque ij melioris notæ dignati ſunt inuiſere,
& pro tenui noſtro prouentu aliquot dies fruga-
liter excepti ſaltem immunes abiere. Sed qui ad
mores publicos, Cujas ego ſim? Num licet è
quouis loco ad fortunam ſurgere ? Num tibi
mea ſors tantæ apparet inuidiæ, quem hodie
in vinculis, niſi frater foueat & veſtiat frigore
pereundum ſit ? Cui neuè ad ſudariolum cœ-
mendum à tanta fortuna vel leuiſſimus num-
mus ſuppetas? ac ni D.D. Moræus Regius pro-
curator ſuam Curam tam ſæuientibus miſeriis
interponat, fames hîc quam tu fruſtra pernicem
moliris iam præuertiſſet, ſed quæ tanti Senatus
eſt pietas licet humaniter inhumanitauis tuæ
euentus expectare, & quam omnes merito iure
iudicum meorum pietatem & fidem prædicant
eludere tandem tam vehementis odij perfidos
tuos conatus concedetur. Num te quæſo tot
ac tam pij tui conuentus viri iſtis ſinultatibus
erudierunt ? Num iſtas in meum Caput ſico-
phantias ſtruis Authore R. P. Seguirando quem
mihi ingenij mei & meorum morum notitia
ſemper fecit amaciſſimum ? ſcilicet neque ille
tibi videtur ſatis ſapiens vir bone, quem dum

tua te in meos mores vesania, susque desusque
raptatum occecat, falso quodam si bene memi-
ni Phocionis nomine Imperitiæ & improbitatis
criminaris, rem ausus supra Clementiam om-
nem insolentem, tum audes pessimir agitatus
furijs tanti Regis penetrare limina, & virum
tanta pietate conspicuum, in cuius sinum Regius auimus singulis se mensibus effundit con-
tumelijs tuis fædare & Regiæ conscientiæ veluti
scrinium scelerata lingua expilare. Quid tibi
Episcopus Nanneti arridet? Parum ille fortas-
sis tua sententia Genium meum agnouit, minus
scilicet tuo indicio cernit in mores hominum:
at non ita probi quemadmodum tu deque illo,
deque me sentiunt qualecunque poterit vir tan-
tus de fide & probitate mea testimonium per
inoffensæ cunscientiæ iura prohibere non cun-
ctabitur, sed receptam adeo verandissimi Epis-
copi fidem & eruditionem indoctissimo Nebu-
loni suspectam fore non ambigo: qua techna re-
felles Episcopum Bellæum si quo auxilio inno-
centiæ nostræ patrocinari velit, non exprobratu-
rus es, quod interdum versiculos meos sacris suis
Concionibus immiscuerit? & deceptos opus-
culis nostris flosculos sermone & stilo publico
in Christianum orbem sparserit? Quid olim cul-
paturus eras Coeffetellum Maxillensem Episcopum mihi aliqua coniunctione morum, &
nonnullo humanarum literarum commercio
familiarem? Ille me paulo antequam excederet
è vinis in suam viciniam vocauerat, vt haberet
in procinctu studiosum aliquem cuius in conui-

Qu suauiter inter laboris & morbi tædia pius
animus relaxaretur. Si quid etiam R. P. Aubi-
gni tuæ societatis (sed quid dixi tuæ ? imo Iesu
& sui sociorum) non vltimus honos, si quid ille
fauentius de me referat non erit etiam tuis edijs
inuisus ? Quid præteraam R. P. Athanasium
(Ecclesiæ Christianæ vtilissimum certe decus)
quem inter molliores delicias educatum (vt solent Nobilissimi sui generis adolescentes) seue-
ra pietas à tam culto antiquæ & prædiuitis domus mundo auulsum in humilimas Francisca-
norum cellulas deturbauit, cilicij asperitate in-
cultum, nuditate pedum horridum, & ieiuni per-
tinacia macilentum , ille vt vir probus, ita &
eruditus (nam nemo eruditus nisi probus, ô im-
probe) tanti ingenij vis stupenda, & pietatis
feruor incomparabilis plures hæreticos sola diuini sui laboris impensâ, quam vniuersæ inui-
ctissimi Regis acies tot hominum & nummo-
rum sumptibus expugnauit. Ille ne quid erres
mihi in hæreseos tenebroso cæno coliganti pri-
mos Ecclesiæ Catholicæ spiritus afflauit, ac se-
mel in horto Regio secum spatiantem nihilque
serius quam de tam prospera mei mutatione co-
gitantem adortus est , eo sermone qui & admi-
rationem sui quam plurimam, Catholicæ fidei
incredibilem amorem intimis præcordiis effu-
dit. Quidquid ille de me cogitet, quicquid de
mea sorte constituat ratum esto , ô Garasse,
num refragaris ? Quid si inter aduersaria mea
crebris epistolis atque omnino scriptis meis
Christiani notam reperias ? quid in penitiori,

bas meis secretis sine vllo meo consilio retectis
aliquamnè simulationis speciem commenturus
es ! Num si tibi è sarcinis meis (iam mecum
auctoritate iudicum solui expectantibus) depro-
matur Chartula quædam cui medici & presby-
teri testantis sigillum veritatis fidem facit,ea ego
vltima prope periculo si morbi iniuria conster-
natus Ichtchiophagiæ satietatem ægerrimo sto-
macho depellerent flagitaui. alioqui paratus in
eo mortis & futuræ vitæ confinio potius toxi-
cum sorbere quam ouum : an etiam hæc à me
ficta causaberis? O prodigium ! tu me in tam
aperta religionis professione, tot piorum viro-
rum amplexibus Romanæ Ecclesiæ hærentem
Christianum esse non sinis? Cæterisque omnibus palam spernendæ fidei me impullorem esse
prædicas Sicophanta ! inidiolæ tuæ criminatio-
nis probe conscij,

quibus iudicijs quo teste probasti?

Nil horum, verbosa & grandis epistola venit.
Nec diutius spero latere potest iudices quam
prauis artibus in paulo securius otium meum sis
grassatus; cū quam profundas radices egerit innocentia mea exploraturus intima Caupona-
rum & lupanarium (Deus faxit ne peiori animo) perlustrati, inspecturus si qua ibi meæ vitæ labes Theophilo vel leue periculum faceret;
at vbi non cessit ea perlustratio in quæuis opus-
cula mea, in quibus multa non mea passim in-
certa sunt & librariorum errore & fraude tua,
ibi tu & occulorum & ingenij quantulum tibi
est intendis curiosam aciem, atque vbi torquere

sensum modo & verborum seriem inuertere non
sufficit ad calumniam, integras meas lineas pun-
gis, tuas reponis, vnde tua crimina meo nomine
in lucem eant? siccine iuuat illudere capto? Po-
terísne ire inficias te in Elegia in Thītsidē, quam
etiam ignarus nobis impingis in eo versu qui sic
habet.

 Et que sa Saincteté ne punit pas à Rome,
pro dictione, *punit*, à me scriptum prodidisse,
permet, vt fias turpissimum scelus quod purissi-
mis Musis improperes? Domine Noster Iesu
Christe, ille ne est in societate Iesu calumniator
impudens? Cauisti scilicet & qui sequantur &
qui praecedant versus adducere ex iis nempe col-
ligitur quantum illius poëtae mens, quicunque
tandem ille poëta sit, tuis sicophantiis parum
congruat, & quàm ridicule tuis tute tricis in-
uolutum exponas bonorum ludibrio. Caeterum
in confuso multis titulis quodam volumine
quod in genere Parnassum Satyricum vocant,
essinxisti improbissimos aliquot versus qui meũ
nomen prae se ferrent, atque ita quotquot mortalium aut legere, aut audire possunt infensos
mihi fecisti: si quis in aliquo Conuentu Theo-
pæilum nominat, venit illico in suspicionem
Magi, nec defuere mulierculae quae mei nomi-
nis literas ad philtra valere crediderint. Si quis
autem plebeios illos falso mei rumore fascina-
tos propius vrgeat num aut vultum, aut mores,
aut institutum vitae, aut patriam meam norint,
negant se scire, sed ita Concionari Garassum,
ita scribere, caeteros, quamplures etiam sui Cæ-

nobij viros probos de me secus sentire. Tu qui
me non nosti, pessime, quicunque me norunt
optimè de me prædicare solent. Rem nouam, ô
Garasse, filius Cauponis in celeberrima Gallia-
rum Regis aula annos vltra tredecim enutritus,
tot nobilium familiaritate notus, atque aliquot
etiam ingenij lumine exteris honnullus & visus
& optatus tam pestilentum ybique afflari vitiorum virus, vt vniuersum Christianum orbem sceleribus suis (si qua tibi fides est) conta-
minarit, neque de illius moribus aut aliquo de-
licto apud vllos iudices ante tuam vel minima
querela peruenerit, atque à remotissimis Regni
finibus vltimo diuini & humani iuris officio sol-
licitati testes aut voce, aut silentio fatentur In-
nocentem; Neque tu tibi mediocriter indigna-
ris quod è tam multis tui instat mihi oblatranti-
bus, nemo sit cuius testimonio damnari queam,
scilicet qui tam in turba clamant nihil habent
in foro quod dicant. O insana turba, ignauum
vulgus, vagi fluctus, cæci turbines, ô vapa, ô spuma rerum, virtutis inimica impotens, ô rerum
spuma vitiorum arca, ô clamosa turba, inuidiæ
tutissimum Præsidium, fidissimum calumniæ
subsidium, ô tæda turba Garassi præcipuum decus, ignara nugarum vindex. Cæca turba cui
nullum nomen nisi,

Fama malum quo non aliud, &c.
& *Tam ficti prauique*, &c.

Et hoc est demum quod tu rectè, quia incon-
sulto locutus es, in turba clamor, in foro silen-
tium, Quid ni? Tu ne apud sacras & inconcus-

fas iudicum mentes idem atqué in tumultuofæ
& profanæ turbæ cætis animis fieri poſſe credi-
difti? falleris vehementer, Doctor Turbarum,
pace fi fapis tanto tuo dedecore me viterius in-
fectari, fine cuius liberum fit de me promere
quod compertum habet, tuas nugas fi quis protinus: iureiurando ratas non fecerit minitari in-
ferorum pœnam? pateresi quid plectendus fum
magiſtratuum diſceptationibus excutiatur, fi
venia donandus, noli tuis iſtis turbis offundere
nebulas candori legum. At non ita Diuus Ma-
carius qui cum hominem falſo mortis crimine
damnatum fupplicio eripæ fuæ pietatis eſſe du-
xiſſet, iudicibus ad perempti tumulum conuo-
catis in nomine Iefu iuſſit excitari mortuum,
quem vt prima voce compellauit, illico dehiſ-
cente tellure referatum eſt fepulchrum & ob-
ſtupentibus qui aderant viuus adſtitit qui olim
deceſſerat. Rogante Diuo: num is eſſet patra-
tæ cædis reus quem proximum manebat fuppli-
cium, clara voce infontem eum eſſe pronun-
ciauit, ac protinus iuſſus recumbere, feretro
fuo fefe recondens obmutuit, inſtante iudice,
vt de fonte à mortuo percunctaretur, negauit
Diuus, & fat eſt inquit mihi feruaſſe innocen-
tem. Idem & Diuus Franciſcus qui à Padua
cognominatur pro libertate parentis fui in fimi-
le diſcrimen vocati præſtitiſſe fertur, ea in vitiò
fanctorum prodita nemo neſcit. Quam fuit illorum tuæ pietati abfimilis, ô Garaſſe? quá illi
cura etiam improbos in futuræ pœnitentiæ ſpem
feruari voluerunt, ea tu & vegetiori in bonorum
perniciem

perniciem incumbis, illi paganorum impoten-
tem superbiam humilitate Christiana frangere
sunt è nisi : tu in mediis Christianæ fidei trium-
phis iactas te Paganorum sæuitia, & in societate Iesu calumniantis, id est Diaboli vicem
agis. Sed quid ego misera inuidiæ tuæ victima,
vanis per istas tenebras planctibus indulgeo?
Quia persecutus est inimicus animam meam,
humiliauit in terra vitam meam : collocauit me
in obscuris sicut mortuos sæculi, & auxiatus est
super me spiritus meus in me turbatum est cor
meum Tu vindictæ meæ longè securus experiri
pergis quorsum in miseros extrema petulantia
valere possit, ô Garasse, vlterius ne tende odiis
nam vti spero tandem. (Educet Domininus
de tribulatione animam meam, & misericor-
dia sua disperdet omnes inimicos meos; & per-
det omnes qui tribulant animam meam, quo-
niam ego seruus suus sum.) Te si tandem mihi
nocuisse pœniteat, me tibi protinus ignouisse
non pœnitebit, Vale & si quando videbis sos-
pitem Theophilum ne pigeat amplexari.

APOLOGIE DE THEOPHILE.

PVis que la peruersité de mes amis aussi bien
que celle de mes ennemis me reduit à ce
poinct, que ie ne puis esperer la fin de ma per-
secution que de son succez, & qu'il semble que
mon procez ne se puisse commencer qu'apres

que le Pere Garaſſus aura acheué ſes liures ; ie
le voy en trop belle humeur d'eſcrire pour me
promettre de long temps ma liberté, il trauaille
à peu de frais. Car tout le monde contribuë à
ſon ouurage , & fait bon marché de ce qu'il
eſcrit, pour ce qu'il le volle, le mal pour luy, c'eſt
qu'il ne deſguiſe pas bien ſa marchandiſe, & que
tout ce qu'il apporte ou des viuans ou des morts
il l'ageance ſi mal & le produit auec tant d'im-
prudence qu'on deſcouure bien ayſement qu'il
ne cognoiſt pas le pris de ce qu'il debite, il nous
allegue mille beaux paſſages de diuers autheurs
& touche tous les bons endroits des eſcriuains
anciens & modernes, & n'en entend pas vn,
comme le Iacquemar qui ſe tien à tous les mouuemens de l'horloge, & ne ſçait iamais quelle
heure il eſt. Le P. ne laiſſe pas de ſe tenir aſſidu à
ſon trauail , & ie trouue qu'il fait bien de ne
point eſpargner vne ſi mauuaiſe plume que la
ſienne, ie ne ſçay ſi c'eſt d'enuie ou de charité
qu'il me fait l'obiect de ſon exercice de meſdi-
ſance : car ie croy qu'il eſt aſſez orgueilleux
pour s'imaginer que ie dois tirer vanité de ſes
iniures, comme il eſt honorable d'eſtre vaincu
d'vn braue homme, pource qu'on la combattu ; ſi le progrez de ſes calomnies ne s'eſtendoit
pas plus auant qu'à la reputation de mes eſcrits,
ie ſerois bien ayſe de rire de ſa mocquerie auſſi
bien que luy : car cela eſt plaiſant de voir vn fol
qui croit eſtre ſage, vn Reuerend dancer les ma-
taſſins, & vn bouuier faire des liures. La premiere coniecture d'où i'ay pris garde qu'il a

l'esprit vn peu comique , c'est que dans cesté
Doctrine curieuse des beaux esprits de ce temps , il
donne à son liure le titre des affiches de l'hostel
de Bourgongne, où l'on inuite les gens à ce diuertissement par la curiosité ; Ie m'esgayerois
des quolibets qu'il a contre moy , & les prendrois comme d'vne farce : mais la captiuité
& le danger ou ses impostures me tiennent
me font passer l'enuie de me ioüer : il est
vray que ie suis honteux du trauail que me
donne vne si chetiue besongne , & à moins
que d'estre dans le cachot, i'y plaindrois les
heures & le papier : car il en faut autant qu'à
quelque chose de bon , comme autant de
coups de marteaux à battre vn double qu'vne
pistole.   Pour auoir le plaisir de s'exercer à
me nuire, il me fait vn pays, vn pere , & vn
mestier à sa poste , il se forge des monstres
pour les vaincre, il ne fait que se battre contre des ombres, & controuue tous les iours
des crimes à sa fantaisie. pour en accuser des
vers, où ie n'ay songé, i'attends qu'vn iour il
m'impute d'auoir commenté sur l'Alcoran,
& quoy que tous les phantosmes de ses accu-
sations ne soient que des marottes, dont il se
coiffe luy-mesme à son plaisir, il ne laisse pas
d'y passer son temps doucement, & de trouuer
parmy quelques-vns vne sorte d'approbation
qui le tient enchanté dans sa frenesie. Les festins
des isles fortunées ne sont plus ridicules que
les delices qu'il trouue à me calomnier en quelques endroits : mais comme il est obscur &

malin, il ne m'attaque point sans ietter premierement des nuages au deuant de la plus claire verité, de mesmes que les sorciers qui font
ordinairement leuer les bruines aux plus claires
matineees, il desguise si fort mes intentions que
souuent les apparences flattent son dessein, il re-
presente tout à faux, mais auec des feintes gros-
sieres, où l'esclat de ses plus viues raisons n'est
au fonds que la lueur de ce petit animal qui de
loin semble vne estoille, & de prés n'est qu'vn
vermisseau.   A me voir dans ses liures ie suis
plus monstrueux qu'vn Chimere, ce sont les
mirouiers doubles, ou le visage le plus parfait du
monde ne trouue en la place de son obiect
que des bestes saunages en autant de formes
qu'il plaist aux Charlatans, mais rompez la
glace, vous deffaictes plus de monstres d'vn
coup de poing qu'Hercule n'en a iamais tué de
sa massuë : si nous ouurons le pacquet du Pere,
nous trouuerons qu'il n'a pas grand secret,
aussi se deffie-il aucunefois de n'estre pas sin,
& se met aux grosses iniures, il m'appelle esprit
desnaturé, ce coup là, l'iniure ne vient pas à
son sens, car on appellé desnaturé celuy qui
ayme la cruauté, comme ceux qui preschent
tousiours le feu & le sang : ceux qui hayssent
leurs plus proches, qui sont ingrats à leurs
amis, farouches, insociables, qui rechignent
aux plus legitimes faueurs dont la nature nous
peut obliger, & viuent contre les regles de leur
profession, vn Courtisan inciuil, vn pauure
orgueilleux, vn Poëte auare, vn Docteur

eſpion, vn Religieux calomniateur, le rebours
de toutes ces choſes, c'eſt proprement mon
naturel : mais voyons ſi voſtre humeur ne ſe
peut pas mieux aſſortir à ceſte epithete. Vous
faites veu d'obedience, & par l'aueugle orgueil d'vne ſuffiſance inſupportable, vous
voulez aſſuiettir les plus grands eſprits de la
terre, & faire ployer les plus fermes con-
ſciences ſous l'authorité de vos impoſtures.
Il me ſemble que c'eſt contre la nature d'obedience, pour le vœu de pauureté vous vous en
acquittez tres-mal : car voſtre robbe, voſtre
logis, & voſtre reuenu pourroit bien mettre
vn homme vn peu voluptueux, à couuert de
la neceſſité, & quand aux deniers pour
vous eſtre voüé à la chaſteté, & pour auoir
ce titre ſacré de Ieſuite, vous allez ſans doute contre la nature de voſtre profeſſion, dans
le ſoin que vous auez de controuuer les vers
de ſodomie, & enſeigner publiquement vn
ſi enorme vice, ſous couleur de le reprendre,
en ſuitte le Pere Reuerend dict que ie ne ſay
bien qu'aux choſes mauuaiſes, & nettement
qu'aux vilaines dans la penſe qu'il auoit lors
ſur mon eſprit, ſi le Pere n'euſt eſté d'vn naturel chagrin, où s'il euſt eu la meſme opinion pour quelqu'vn de ſes fauoris, voici com-
mēt il euſt parlé, que ceſt eſprit là trouue quelque choſe de bon, meſme dans les meſchance-
tez, & à quelque pureté dans ſon ſtyle, qui cache les ordures des ſales imaginations : mais il
ne m'a pas trouué digne de ceſt ornement,

quand on void qu'vn homme de qualité grand
& bien formé, on dit qu'il est de belle taille, si
c'est vn vallet, on dit voilà vn puissant coquin,
si peu de faueur que ie merite de sa plume il ne
me la donne qu'en me frappant, mais ie le re-
mercie de sa caresse, ie n'ay iamais rien fait n'y
bien n'y mal, soit en vilainie, soit en meschâce-
té; & voicy pour luy rendre son compliment,
comme il dit que ie fay bien en meschanceté,
& nettement en vilainies, & que le Pere Reuerend affecte de ne me point ressembler; ie confesse qu'il fait mal aux choses bonnes, & salle-
ment aux choses nettes, pour les pensees &
les paroles où ie fay, dit-il, horriblement : car
pourueu qu'il trouue vne cadence pour vn de
ces aduerbes horriblement, abominablement,
execrablement, il se descharge la bile, & s'espa-
noüit la ratte, & pense auoir mieux persuadé
que par vne demonstration, il croit que la foy
d'vn Chrestien est en quelque façon obligee à
ses authoritez. Quant aux pensees, dit-il, & aux
paroles, c'est horriblement, ie luy responds
qu'il me les a supposees, & qu'il a trop de passion pour estre croyable, mesmement en vne
cause qu'il a faite sienne, quant aux conceptiôs
ce n'est pas à luy à les penetrer, Dieu seul voit
les mouuemiens de nostre ame, ie croy charitablement que le Pere a de bonnes pensees,
mais il a ce mal-heur de ne s'exprimer qu'en
impertinêce, pour mon style n'en desplaise à sa
reuerence, ie ne le voudrois pas châger au sien,
il appelle des ieunes gens fraischemêt sortis de

son eschole, ieunes tendrons, germes & bour-
tees, & pare son style pour les garçons d'vne
gentillesse plus que monachale, si les hommes
de bon sens prenoient la peine d'examiner ce
qu'il escrit, on logeroit bien tost le Pere aux
petites maisons. I'admire comme il peut ad-
uanturer ses impertinêces auec tant de seureté,
en voicy vne bien visible, & presque mescog-
noissable en nomme de sa robbe ; i'ay escrit
qu'il faut auoir de la passion, pour toutes les
belles choses, pour les beaux habits, pour les
beaux cheuaux, pour la chasse, pour les hommes de vertu, pour les belles femmes, pour des
belles fleurs, pour des fontaines claires, pour
la musique, & pour autre chose qui touchent
particulierement nos sens. Il dit que c'est vne
proposition brutale & contraire à l'Euangile:
car nostre Seigneur dit, qu'il ne faut pas regarder vne femme pour côuoiter sa beauté, Theophile de Viau, dit-il, passe bien au delà du desir:
car il va iusqu'à la passion. Le Pere qui n'étend
pas le François, ne sçait pas qu'auoir de la passion pour quelque chose, se prend ordinairement pour le simple mouuement d'vne legere
affection qui nous fait plaire à quelque obiect
agreable hors de toute apparence de conuoiti-
se, comme on dit, i'ayme ceste couleur auec
passion, ou ceste senteur ; Le Pere n'a pas bien
consideré aussi que i'ay dit ce mot de passion
generalement pour toutes les belles choses, &
que si on le prend aussi inconsiderement que
luy, on entendra qu'auoir de la passion pour

vne fontaine claire, c'eſt pour paillarder auec
elle, qu'aymer la chaſſe, c'eſt la conuoiter laſ-
ciuement. Vn homme qui a de la paſſion pour
des beaux habits eſt vn amoureux lubrique des
eſtoffes, & que ſe couurir du manteau d'vn
autre c'eſt comme adultere, ſi le Pere veut
garder la ſignification du Latin au François
qui en deriue : il dira qu'vne femme propre
eſt la quatrieſme des cinq voix de Porphire,
& en ſuitte de cela vne longue traiſnee d'ab-
ſurditez qui ſe trouuent enchaiſnee dans
les conſequences de ce Docteur. Voicy
encor vn flot d'iniures, où il eſcume auec plus
de fureur m'appelle Atheiſte, corrupteur
de ieuneſſe, & addonné à tous les vices imaginables. Pour Atheiſte, ie luy reſponds
que ie n'ay pas publié comme luy *& Lucilio
Vanino*, les maximes des impies qui ont eſté
autant de leçons à l'Atheiſme : car ils les ont
refutees auſſi bien l'vn que l'autre, & laiſſent
au bout de leur diſcours vn eſprit foible, fort
mal edifié de ſa religion, que ſans faire le
ſçauant en Theologie. Ie me contente auec
l'Apoſtre de ne ſçauoir que Ieſus Chriſt &
iceluy crucifié, & où mon ſens ſe trouue
court à ce myſtere, i'ay recours à l'authorité de l'Egliſe, croy abſolument tout ce
qu'elle croit. Que pour l'interieur de mon
ame, ie me tiens ſi content des graces de
Dieu que mon eſprit ſe teſmoigne par tout
incapable de meſcognoiſtre ſon Createur, ie
l'adore, & ie l'ayme de toutes les forces de mon
entendement,

entendement, & me ressens viuement des obligations que ie luy ay, que pour ce qui paroist au dehors en la reigle de mes mœurs, ie fay profession particuliere & publique de Chrestien Catholique Romain ie vay à la Messe, ie communie, ie me confesse; Le Pere Seguieran, le Pere Athanase, & le Pere Aubigny en feront foy, ie ieusne aux iours maigres, & le dernier Caresme pressé d'vne maladie où les Medecins m'alloient abandonner, pour l'opiniastreté que i'auois à ne point manger de viande, ie fus contrainct de recourir à la dispense, de peur d'estre coulpable de ma mort, Messieurs de Rogueneau Curé de ma Parroisse, & de Lorme Medecin, qui ont signé l'attestation, sont tesmoins irreprochables de ceste verité, ie n'allegue point cecy par vne vanité d'hypocrite: mais par la necessité d'vn pauure accusé, qui ne publie sa deuotion que pour declarer son innocēce. Quant à ceste licence de ma vie que vous pensez rendre coulpable de la corruption de la ieunesse, ie vous iure que depuis que ie suis à la Cour, & que i'ay vescu à Paris, ie n'ay point cogneu de ieunes gens qui ne fussent plus corrompus que moy, & qu'ayant descouuert leur vice, ils n'ont pas esté lóng temps de ma conuersation, ie ne suis obligé à les instruire que par mon exemple; ceux qui les ont en charge doiuēt respondre de leurs desbauches, & non pas moy qui me suis ny gouuerneur ny regent de personnes; si ie voulois rechercher la source du desordre, & de la mauuaise nature de beaucoup d'enfans de bon-

F

ne maiſon, peut eſtre que ie vous ferois hôte, &
à quelques autres que ie ne veux point ſcandali-
ſer : car ie ne les ſçay point coulpables de la fureur dont vous m'auez aſſailly, à Dieu ne plaiſe
que ie ſois iamais agreſſeur, ie ferois tort à leur
amendement, dont ie croy qu'ils appaiſent auiourd'huy l'ire de Dieu par la penitēce de leurs
fautes ; Pour la troiſieſme injure où vous dites
que ie ſuis addonné à tous vices imaginables, ie
ne ſuis pas ſi orgueilleux de me croire incapable de vice, il eſt vray que i'ay des vices & beaucoup, mais ils ſont cōme vous auez eſcrit imaginables & pardōnables. Vous en auez, Pere Reue-
rēd, de bien pires, les voſtres ne ſont pas imaginables : car qui pourroit imaginer qu'vn Religieux fuſt calomniateur, & qu'vn homme de la
cōpagnie de IESVS exerçaſt le meſtier du diable : qui pourroit imaginer qu'vn Doꞔteur comme vous eſtes, de reputation & d'authorité receuë, euſt des gens à gage dans les cabarets, dās
les bordels, & dans tous les lieux de deſbauche
les plus celebres, pour ſçauoir en combien d'ex-
ces & de poſtures on y offenſe Dieu ; ſi vous dites que c'eſt pour cognoiſtre ceux qui y font de
la deſbauche, on vous reprochera que vous n'a-
uez repris que ceux qui n'en ont point eſté : car
il y a beaucoup d'apparence en l'affeꞔtion que
vous auez teſmoigné à me corriger, ſi vous euſſiez deſcouuert quelque teſmoignage de mon
peché, vous ne l'euſſiez point oublié dans vos liures, où vous en alleguez tāt de faux, faute d'en
trouuer vn veritable : vous euſſiez eſté bien aiſe

d'espargner la peine de les controuuer : car voſtre eſprit de ſoy n'eſt pas trop inuentif, qui me
fait croire que vous ne m'auez imputé que ceux
que la pratique vous a appris, cela encor vous
euſt tenu la conſcience en haleine pour d'autres
crimes : car ie croy que le remors de l'injure
que vous me faites vous diuertit d'vne autre
meſchanceté, tandis que vous eſtes à me nuire,
vous ne faites que cela. Voyons, Pere Reuered,
ſi en vn autre endroit voſtre calomnie a mieux
reuſſi ; vous me reprenez de n'aymer que la bô-
ne chere où ie ne ſuis point contraint, & pouſ-
ſez tout à contre-ſens le prouerbe de la brebis,
qui en beellât pert vn brin d'herbe, l'allegation
eſt vn peu populaire, & de la conception d'vn
neceſſiteux : ceſte contrainte dont ie parle vous
le prenez pour eſtre preſſé de ſortir trop toſt de
table, & que ie me faſche comme vn affamé, de
n'auoir pas aſſez de loiſir de me ſapuler : vous allez tout au rebours de mon ſens & de ma condition, ie ne me ſuis gueres iamais trouué où ie
n'euſſe aſſez de liberté pour les heures de mon
repas, i'ay eſté touſiours nourry loin de ceſte
pauureté honteuſe, qui laiſſe au ſortir de la table quelque regret d'auoir quitté la viande i'en-
tens par la contrainte des feſtins ceſte deſbauche oppiniaſtre qui eſt ordinaire dans le Pays-
bas où l'on eſt forcé de manger & de boire plus
qu'on ne peut digerer ; ie veux dans ma refe-
ction me garder ma liberté, de reſeruer ma bouche à l'appetit ordinaire que la nature ordonne
pour la neceſſité de viure, & ſans qu'il me fail-

le declarer icy plus ouuertement tout ce que
i'escris deuant ou apres la ligne où vous me reprenez, tesmoigne que dans mes plus grandes
licences i'ayme à me tenir dans vne sobrieté
modeste, & que vous estes vn imposteur. Vous
auez maintenant vn aduantage, c'est qu'on im-
prime tous vos liures, & on ne laisse voir rien
des miens que ce qu'il vous plaist d'alleguer
contre mòy, où vous faictes comme les coup-
peurs de bourses, qui crient les premiers au
larron, & parcourant d'vn œil d'enuie les pre-
mices de ma plume, ressemblez aux mousches,
qui descouurent plustost vne petite galle sur
vne belle main que le plus bel endroit de tout
vn corps. Mais en quelque façon que vous
quintessentiez mes escrits, vous n'en tirerez iamais le venin que vous y recherchez, Dieu
vueille que celuy qui a plus de pouuoir sur ma
vie que vous, trauaille aussi inutilement en la
recherche qu'il fait de mes crimes, & que la peine volontaire qu'il prend à incommoder autruy, rende l'extraict qu'il fait de mes œuures
aussi ridicule aux yeux des Iuges, comme mon
innocence se promet de rendre foible à la faueur de ce peu de memoire qu'il a pleu à Dieu
me despartir; laquelle, comme i'espere, garde
encor assez heureusement la meilleure partie
des conceptions, & des termes que ie puis auoir
mis au iour depuis six ans ou plus. En vn autre lieu ie remarque vne hardiesse estrange, où
l'estourdissement rend vostre haine trop claire, dans certaine Elegie à Tyrsis, incertain que

vous estes de l'Autheur, vous l'injuriez soubs
mon nom : car quelque mal que vous fassiez,
vous seriez marry qu'il ne fust pour moy, voicy
les vers.

Des plaisirs innocens où mes esprits enclins
Ne laissent point de place à ces desirs malins.
Ce divertissement qu'on doit permettre à l'homme,
Et que sa Sainĉteté ne punit pas à Rome :
Car la necessité que la Police suit
En souffrant ce peché ne fait pas peu de fruit.

Apres auoir sappé de tous costez le sens de tous
ces termes, pour les tordre à la confusion de ce
pauure rimeur, vous n'en pouuez tirer qu'vn
simple adveu de ceste infirmité naturelle, où
l'esprit succombe aux appetits de la chair, & ce
peché s'appelle fornication. Il est vray que ce
discours est de mauuais exemple, & que le rimeur, moins indiscret que vous, n'a pas voulu
publier; & comme ceste licence Poëtique ne
donne pas par vne censure legitime assez de prise à vostre calomnie, qui en veut tirer vne leçon
publique de Sodomie, voicy par où vous allez à
vostre dessein, vous n'alleguez que ces vers,

Et que sa Sainĉteté ne punit pas à Rome.

Là par vne subtilité de formation des mots,
dont les Grecs ne se sont iamais aduisez, vous
changez punit en permet, & par vne surprise
qui vous embarasse dans le sens contre vostre
dessein, vous dites que le vice que sa Sainĉteté
ne permet pas, se doit entendre la Sodomie,
comme si sa Sainĉteté permettoit tous les autres, ô prophane, allez vous porter vos ordu-

res iusques au sainct Siege, Dieu me garde de
croire que sa Saincteté permette aucune sorte
de vice, ie croy qu'il est le Lieutenant de Dieu
en terre pour les abolir, & tous ceux qui en font
profession : aduoüez Docteur que ceste fausse-
té signalée est de l'estourdissement d'vn esprit à
qui la melancholie empesche l'vsage de la raison, que quand bien quelque salle conception
seroit passée par l'esprit de ce Poëte, quand
mesme il l'eust escrite : le Iesuiste Vasquez nous
enseigne que les plus religieux peuuent auoir
des pensees abominables qui ne sont pas fautes, d'autant que nous n'y persistons pas. *Tu ve-*
ro lectos quisquis es falleris qui de simplicibus ver-
bis mores nostros spectas feros quidem ista obsident
bonos præterlabuntur. Les paroles sont paroles,
qui chez les Casuites ne sont pas plus, en cas
d'offence, que les simples pensees, parler de
la douceur de la vengeance, n'est pas assassiner
son ennemy, faire des vers de Sodomie ne rend
pas vn homme coulpable du faict, Poëte & per-
derastre sont deux qualitez differentes. Vous at-
taquez encor en vn autre lieu sous mon nom le
sage Salomon & l'Apostre S. Paul, de qui i'ay
appris que le temperemment du corps, & sim-
plement le corps mesme est souuent le maistre
des mouuemens de l'ame par l'empire que le
peché luy donne. Le corps mortel, disent ils,
assomme l'ame, & la traine dans ses desirs char-
nels, & ie fay le mal, dit sainct Paul, que ie ne
veux pas faire, & ne fay pas le bien que ie veux
faire : mais il faut estre plus sage que Salomon

& plus retenu que l'Apoſtre ſainct Paul, pour
eſtre à couuert de vos meſdiſances, & voicy
comme le ſens dont i'ay eſcrit trouue de la ſeu-
reté pour mon innocence. En ſuitte de cette
force que le temperamment du corps a ſur les
mouuemens de l'ame, ie dis quand il pleut, ie
ſuis aſſoupy, & preſque chagrin, ie ne dis pas
que quand il pleut ie me trouue diſpoſé à paillarder, iurer, ou deſrober; car par ceſte ame qui
ſe laiſſe contraindre à la diſpoſition du corps, &
qui tient du changement du temps, ie n'entends
point l'ame intellectuelle capable de la vertu &
du vice, du ſalut & de la damnation : mais i'entends ceſte ame, comme dit ſainct Auguſtin,
ſuſceptible des eſpeces corporelles, que les Pla-
toniciens ont nommée *Spiritualis*. Et quoy, Pere Reuerend, vous concluez en me condam-
nant, que changer d'humeur quand il pleut
c'eſt vne impieté; que ſi par le temperamment
du corps le mauuais air donne quelque maladie, il nous faut faire exorciſer, qu'auoir la fié-
ure ou la collique par quelque excez corporel,
c'eſt eſtre obſedé, ô Pere ignorant; la malice
vous aueugle. Vous m'imputez encor aſſez
mal à propos vn vers d'vn certain Sonnet; ſi
vous dittes qu'il eſt imprimé en mon nom, ceux
qui me cognoiſſent vous diront que ie n'ay iamais eu aſſez de vanité ny de diligence pour les
impreſſions, à ce qu'on me doiue imputer tout
ce qui eſt imprimé comme mien; quelques-
vns qui ſe trompent en l'opinion de mon eſprit, ſont bien aiſes de faire imprimer leurs

vers en mon nom, & se seruant de ma reputation pour essayer la leur, i'ay songé à ce vers là,
depuis l'auoir ouy citer de vostre part, il semble
vn peu confus, mais il n'est pas criminel comme
vous le dites. Si vn bon zele religieux esleuoit
aussi souuent vostre esprit à la meditation de
vostre propre misere, comme l'enuie & l'orgueil le precipitent & l'attachent à la recherche des deffauts d'autruy : vous sçauriez mieux
que vous ne faites, ou pour le moins ne tairiez
pas si malicieusement le desordre que la re-
bellion du premier homme a causé à toute sa
posterité. Sçachez donc, Reuerend Pere, que
puis que l'homme s'est rebellé contre son Createur, que tout ce qui auoit esté creé pour son
seruice s'est aussi iustement rebellé contre luy;
iusqu'à là, qu'il n'y a si petit mouscheron qui
ne tasche venger de son aiguillon l'offence faite à son Createur, & ce ne sont pas seulement les animaux qui font la guerre à l'homme depuis son peché; Mais Dieu pour le punir & pour se venger, l'a comme abandonné
à son propre sens, par la corruption duquel
mille folles passions, comme autant de furies, l'assaillent interieurement, l'orgueil, l'ingratitude, la haine, l'auarice, l'ambition, la
concupiscence. Bref, l'homme n'a point de
soy quelque mouuement en son ame, que par
sa propre preuarication il ne fasse agir contre
soy-mesme. Tout cela, beau-Pere, sont-ce
point des marques de la vengeance Diuine, il
est vray que ceux qui auancent de toute leur
force

force la regeneration que l'Esprit de Sainóteté a
commencé en leur cœur, combattent auec les
armes de la foy & de l'esperance, les affections
charnelles du peché. Mais pource que l'esprit
est prõpt & la chair fragile, cõbien de fois le plus
homme de bien succombe-il en ces cõbats, voi-
re qui iamais en ce monde en a esté plainement
victorieux, que le fils Eternel de Dieu. Or quand
nous pechons, nous ne pouuons auoir recours
qu'à sa passion, & lors que nous venons à mes-
priser le fruict qu'elle nous apporte, & que le
merite de son sang precieux est offensé par nostre ingratitude. Dieu se venge sur nous par les
peines temporelles & eternelles, mais vostre
ame qui est aussi noire que vostre habit, n'a
iamais esté esclairee de ses considerations, sans
doute ce Poëte y estoit plus auant que vous,
car ie veux croire de luy charitablement, que se
sentant brusler d'vn fol amour, & voyant combien il est miserable d'estre par son peché assu-
jetty aux œillades d'yne maistresse, pour la facilité de ses conceptions, il en a plustost escrit ce
vers que consideré la bien seance de ses termes, si ceste explication peut estre receuë de
ceux qui ne participent point à vostre rage,
voyez M. Garasse, combien vous estes vio-
sent, & ne desguisez point du pretexte de pitié,
tant de trahisons que vous faites au sens commun. Voila à peu pres ce que i'ay peu appren-
dre de vos calomnies les plus dangereuses, mais
ce n'est ny l'interest du public, n'y la descharge
de vostre conscience, n'y vostre zele à mon sa-

G

lut, qui vous ont fait vomir tant de fiel fur mon
innocence ; car qui croira que vous m'aymiez
mieux que fainct Gelais Euefque d'Angoulef-
me, que Philippes Defportes Abbé du Tiron,
que Ronfard, que Rapin ; que Remy Beleau,
que Lariofte, que le Tace, que Dante, que Pe-
tarque, que Bofcan, que le Marin en fon Adon;
defquels vous n'auez point recherché les licences. Force gens de bien fçauent auecques moy
ce qui vous a picqué au ieu.

Manet alta mente repoftum
Detectum crimen & læfæ iniuria famæ.

Mais laiffons delà, cefte verité n'eft pas encore
bonne à dire, vous eftes en droit de me perfe-
cuter : Moy ie ne puis qu'auoüer qu'outre vos
rufes & dexteritez nompareilles, vous auez la
force de cefte apparence pompeufe qui canoni-
fe toutes vos actions ; Vous vous feruez dextre-
ment du Ciel & de la Terre, de la Fortune & du
Deftin, des amis & des ennemis, des hommes
& des Anges, des corps & des ames, de la prouidence de Dieu, & de la malice du diable, & faites vn cahos de tout l'Vniuers pour faire efcla-
ter vos deffeins ; ainfi quelque mine que ie faffe
de me defendre, ie ne laiffe pas de fonger à mon
epitaphe : car ie fçay bien que fi vous pouuez
quelque chofe à ma perte ie fuis mort, veu mef-
mes que vos fuppofts ont prefché ma condam-
nation, *Expedit vnum hominem tanta inuidiæ reum*
mori pro populo ne tota gens pereat. Voila comme
ceftuy-cy faifoit couler fes profanations à la faueur de l'ignorance publique. Et icy ie ne dis

point la dixiefme partie de ce que ie fçay, & ie ne
fçay pas la dixiefme partie de la verité; Veu encore qu'vn autre crioit en chefe à gorge def-
ployee. Lifes le Reuerend Pere Garaffus, ie
vous dis que vous le lifiez, & que vous n'y man-
quiez pas, c'eft vn tres bon liure : & dés que ie
fus conduit en cefte ville, il orna vn de fes Ser-
mons de cefte equippee, *maudit fois tu Theophile*,
maudit foit l'efprit qui t'a dicté tes penfees, maudit foit la main qui les a efcrites, mal-heureux le
Libraire qui les a imprimees, mal-heureux ceux
qui les ont leuës, mal heureux ceux qui t'ont iamais cogneu; & benit foit Monfieur le premier
Prefident, & benit foit Monfieur le Procureur
general, qui ont purgé Paris de cefte pefte. C'eft
toy qui es caufe que la pefte eft dans Paris : Ie
diray apres le Reuerend Pere Garaffus, que tu
és vn beliftre, que tu és vn veau, que dis-je vn
veau : d'vn veau la chair en eft bonne boüillie,
la chair en eft bonne roftie, de fa peau on en én
couure des liures, mais la tienne mefchant, n'eft
bonne qu'à eftre grillee, auffi le feras tu demain,
tu t'es mocqué des Moynes, & les Moynes fe
mocqueront de toy. O beau torrent d'eloquen-
ce. O belle faillie de Iean Guerin ? O paffage dè
fainct Mathurin ! faut il donc point que ie fonge à moy, veu que ie fçay que Garaffus & fes
fuppofts paffent pour Prophetes, veu que ceux
qui me cognoiffent que par voftre recit, m'ont
defia confifqué à la parque, veu que ne me pou-
uant reftituer ma reputation, il vous eft expe-
dient de me perdre, veu que c'eft le feul moyen

de vous purger de vos impostures, veu que ma
mort semble maintenant plus necessaire que le
commencement de ma pourfuitte, veu que bien
que ie fuſſe tres-innocent, il faudroit comme
vous dites, me ſacrifier à la haine publique, c'eſt
à dire à l'effect de vos predications, veu que le
tonnerre à trop gronde pour n'amener pas la
foudre, veu que tout le monde ſçait bien cecy
& que perſonne ne l'oſe dire; ainſi pour voſtre
regard tout mon ſalut eſt de n'en eſperer point
Si vous y pouuez, il faut que ie periſſe.   Mais.
Pere charitable, bien que vous ſoyez le premier
mobile de toutes les intelligences funeſtes qui
ſemble auoir conſpiré ma ruine, vous ne diſpo-
ſez pas abſolument des influences de ma vie ou
de ma mort, iuſques icy graces à Dieu, *in vanum*
laborauerunt gentes, toutes vos accuſations ſont des
Chymeres, & des viandes creuſes pour des eſto-
machs cacochimes, il faut à ceſt Auguſte Senat
quelque choſe de plus ſolide, ſes arreſts ne ſont
point eſcrits ſur l'onde, ny executez ſur le vent.
Ie me conſole dans les affreuſes tenebres de ma
priſon, me mettant deuant les yeux pluſtoſt le
droit de mes iuges, que le pouuoir de mes ennemis: car ie ſçay par vn Echo qui reſonne par
tout, que ce grand Verdun, l'ame de la Iuſtice,
& chef de cet Auguſte Senat, l'ornement de
noſtre aage, & la merueille de la poſterité, n'eſt
pas le nom d'vn homme ſeulement: mais celuy
de l'equité, de qui i'ayme mieux me taire que de
n'en dire pas aſſez. Ie ſçay que Monſieur le Procureur general eſt d'vne probité plus qu'inuio-

lable, dont l'ame zelee au deuoir de sa charge,
s'anime mesme contre le soupçon du vice, tant
les effects luy sont en horreur; il n'est pas moins
l'azile de l'innocence, que le fleau du crime : &
ceste verité que l'enuie ne sçauroit dementir, fait
que ie m'esiouys d'auoir pour partie celuy que
ie voudrois pour iuge, ie sçay maintenant qu'il
est question de ma vie, que ce personnage l'exa-
minera par sa passion propre, qui est celle de
l'equité, & non par celle qui a coniuré ma perte; il ayme trop son honneur pour donner ses
conclusions à l'animosité d'autruy, ie sçay que la
prudence tres-accorte du Parlement, tire du
puits de Democrite les veritez les plus ocultes,
qu'elle penetre dans les obscuritez plus tene-
breuses, ou le mensonge & l'artifice se cachent,
que c'est *summum auxilium ommium gentium*, où
l'innocence est asseuree contre les efforts de l'enuie, & les ruses de l'imposture, qu'vn corps si
celebre ne peut errer quoy qu'il fasse, puis qu'il
fait luy-mesme le droit, & n'a pour iurispruden-
ce que le preiugé de ses Arrests, & la lumiere de
sa raison. Ce sont icy mes consolations, Reuerend Pere, c'est où ie songe plus souuent qu'à
respondre à tant d'iniures que vous auez desgor-
gees sur iceluy que vous ne cogneustes iamais.
Si nous escriuions tous deux en mesme liberté,
peut estre vous mettrois-ie aux termes de vous
deffendre au lieu de m'attaquer. Il faut que ie
subisse la necessité du temps qui vous fauorise.
Ne vous estonnez pas que dans vn cachot si ser-
ré, i'aye trouué de l'ouuerture à faire passer ceste

Apologie, ce n'eſt pas que ie n'y ſois gardé fort
ſoigneuſement, & que deux fois le iour on ne
vienne eſpier icy iuſqu'à mes regards, pour voir
ſi ie ne fay point quelque embuſche à ma captiuité: mais Dieu ne veut pas que les hommes
puiſſent deſcouurir vne voye qu'il me laiſſe, d'eſ-
caire les iuſtes ſuiets de ma plainte; il me fait
ceſte grace afin que mon malheur ne laiſſe pas
pour le moins quelque honte à ma memoire, ou
quelque tache à la vie des miens, & que ie teſmoigne au public que mon affliction ne me
vient que de voſtre crime, & de mon innocence.

REQVESTE
DE THEOPHILE,
A NOSSEIGNEVRS
DE PARLEMENT.

CELVY qui briseroit les portes
  Du cachot noir des troupes mortes,
Voyant les maux que i'ay soufferts
Diroit que ma prison est pire
Icy les ames ont des fers,
Icy le plus constant souspire,
Dieux souffrez-vous que les Enfers
Soient au milieu de vostre Empire?
Et qu'vne ame innocente, en vn corps languis-
  sant
Ne trouue point de crise aux douleurs qu'elle sent.
    L'œil du monde qui par ses flammes,
Nourrit autant de corps & d'ames,
Qu'en peut porter chaque element,
Ne sçauroit viure demie heure,
Où m'a logé le Parlement :
Et faut que ce bel Astre meure,
Lors qu'il arriue seulement,
Au premier pas de ma demeure.
Chers Lieutenans des Dieux qui gouuernez mon
  sort,
Croyez-vous que ie viue où le Soleil est mort?

Ie ſçay bien que mes inſolences,
Ont chargé ſi fort mes balances,
Qu'elles penchent à la rigueur,
Et que ma pauure ame abatuë,
D'vne longue & iuſte langueur :
Hors d'apparence s'eſueruuë,
De ſauuer vn peu de vigueur,
Dans le deſeſpoir qui la tuë :
Mais vous eſtes des Dieux & n'auez point de
 mains.
Pour la premiere faute où tombent les humains.

 Si mon offenſe eſtoit vn crime,
La calamité qui m'opprime
Dans les horreurs de ma priſon,
Ne pourroit ſans effronterie,
Vous demander ſa gueriſon,
Mon inſolente flaterie
Feroit lors vne trahiſon,
A la pitié dont ie vous prie ;
Et ce reſte d'eſpoir qui m'accompagne icy,
Se rendroit criminel de vous crier mercy.

 Preſſé d'vn ſi honteux outrage,
Ie cherche aux fonds de mon courage
Mes ſecrets les moins paroiſſans,
Ie ſonge à toutes les délices
Où ſe ſont emportez mes ſens ;
Ie m'adreſſe à tous mes complices :
Mais ils ſe trouuent innocens,
Et s'irritent de mes ſupplices.
O ciel, ô bonnes mœurs que puiſ-je auoir commis
Pour rendre à mon bon droict tant de Dieux enne-
 mis ?

          Mais

Mais c'est en vain que ie me fie
A la raison qui iustifie,
Ma pensée & mes actions.
Bien que mon bon droit soit palpable,
Ce sont peut estre illusions,
Le Parlement n'est pas capable
Des legeres impressions
Qui font vn innocent coulpable,
Quelque tort apparent qui me puisse assaillir,
Les Iuges sont des Dieux ils ne sçauroient faillir.
    N'ay-ie point merité la flamme
De n'auoir sceu ployer mon ame
A loüer vos diuins esprits ?
Il est temps que le Ciel s'irrite,
Et qu'il punisse le mespris
D'vn flateur de Cour d'hypocrite
Qui vous a volé tant d'escrits,
Qui sont deus à vostre merite.
Courtisans qui m'auez tant desrobé de iours,
Est-ce vous dont i'espere aniourd'huy du secours ?
    Race lasche & desnaturee,
Autresfois si mal figuree
Par mes vers mal recompensez,
Si ma vengeance est assouuie,
Vous serez si bien effacez,
Que vous ne ferez plus d'enuie
Aux honnestes gens offensez,
Des loüanges de vostre vie.
Et que les vertueux douteront desormais,
Quel vaut mieux d'vn Marquis ou d'vn Clerc du
    Palais.
Et s'il faut que mes funerailles

H

Se facent entre les murailles,
Dont mes regards font limitez
Dans ces pierres moins impaßibles,
Que vos courages hebetez;
I'eſcriray des vers ſi liſibles,
Que vos honteuſes laſchetez
Y feront à iamais viſibles.
Et que les criminels de ce hideux manoir,
N'y verront point d'obiect plus infame & plus noir.

    Maïs ſi iamais le Ciel m'accorde
Qu'vn rayon de miſericorde
Paſſe au trauers de ceſte tour,
Et qu'en fin mes Iuges ployables,
Ou par iuſtice ou par amour,
M'oſtent de ces lieux effroyables,
Ie vous feray paroiſtre au iour
Dans des portraits ſi pitoyables.
Que voſtre foible eſclat ſe trouuera ſi faux,
Que vos fils rougiront de vos ſales defaux.

    Mes Iuges, mes Dieux tutelaires,
S'il eſt iuſte que vos choleres
Me laiſſent deſormais viuant:
Si le traict de la calomnie
Me perce encor aſſez auant,
Si ma muſe eſt aſſez punie,
Permettez que d'oreſnauant
Elle ſoit ſans ignominie.
Afin que voſtre honneur puiſſe trouuer des vers,
Digne de les porter aux yeux de l'Vniuers.

TRES-HVMBLE
REQVESTE DE
Theophile.

A MONSEIGNEVR LE
Premier Président.

PRiué de la clarté des Cieux
Sous l'enclos d'vne vonte sombre,
Où les limites de mes yeux
Sont dans l'espace de mon ombre,
Deuoré d'vn ardent desir
Qui souspire apres le plaisir,
Et la liberté de ma vie;
Ie m'irrite contre le sort,
Et ne veux plus mal à l'enuie
Que d'auoir differé ma mort.

    Pleust au Ciel qu'il me fut permis
Sans violer les droits de l'ame
De me rendre à mes ennemis,
Et moy mesme allumer ma flamme,
Que bien tost i'aurois esuité
La honteuse captiuité
Dont la force du temps me lie,
Auiourd huy mes sens bien-heureux
Verroient ma peine enseuelie,
Dans vn sepulchre genereux?

    Mais ce grand Dieu qui fit nos loix
Lors qu'il regla nos destinées

H ij

Ne laiſſà point à noſtre choix
La meſure de nos annees,
Quand nos Aſtres ont fait leur cours,
Et que la trame de nos tours,
N'a plus aucun filet à ſuiure,
L'homme alors peut changer de lieu
Et pour continuer de viure
Ne doit mourir qu'aueсques Dieu.

    Auſſi me puis-ie bien vanter
Que dans l'horreur d'vne aduanture
Aſſez capable de tenter
La foibleſſe de la nature:
Le Ciel amy des innocens
Fit voir à mes timides ſens
Sa Diuinité ſi propice,
Qu'encor i'aye touſiours eſté
Sur le bord de mon precipice
D'vn viſage aſſez arreſté.

    Il eſt vray qu'au point d'endurer
Les affrons que la calomnie,
M'a fait ſi longuement durer,
Ma conſtance ſe voit finie
Dans ce ſanglant reſſouuenir,
Celuy qui veut me retenir
Il a ſes paſſions trop lentes,
Et n'a iamais eſté battu
Des proſperitez inſolentes
Qui s'attaquent à la virtu.

    Mais ô l'erreur de mes eſprits
Dans le ſiecle infame où nous ſommes,
Tout ce des-honneur n'eſt qu'vn prix
Pour paſſer le commun des hommes,

Combien de fauoris de Dieu
Dans vn plus miserable lieu,
ont senty de pires malices,
Et dans leurs innocentes mains
Qui n'auoient que les Cieux complices
Receu des fers plus inhumains.

D'ailleurs l'espine est sous la fleur,
Le iour sort d'vne couche noire,
Et que sçay-ie si mon mal-heur,
N'est point la source de ma gloire?
Vn iour mes ennuis effacez
Dans mon souuenir retracez
Seront eux-mesine leur salaire,
Toutes leur choses ont leur tour,
Dieu veut souuent que la cholere
Soit la marque de son amour.

Qui me pourra persuader
Que la Cour soit tousiours charmee,
D'où la peut encor aborder
Le venin de la renommee,
Si VERDVN ouure vn peu ses yeux
Quel esprit vn peu captieux
Pourra mordre à sa conscience:
De quel vent peut-on escumer
Dans ce grand gouffre de science
Pour ny pas bien tost abysmer.

Grande lumiere de nos iours
Dont les proiets sont des miracles,
Et de qui les communs discours
Ont plus de poids que les Oracles,
Saincte guide de tant de Dieux
Qui sur les modelles des Cieux,

Donnez des reigles à la terre,
Dieu sans excez , & sans deffaut
Vous auez ç'à bas vn tonnerre,
Comme en a ce grand Dieu la haut.

Le Ciel par de si beaux crayons
Marque le fil de vos harangues,
Qu'on y voit les mesmes rayons
Du grand thresor de tant de langues
Qu'il versa par le Sainct Esprit,
Aux Disciples de IESVS-CHRIST:
Paris est ialoux que Thoulouse
Ait eu deuant luy tant d'honneur,
L'Europe est aniourd'huy ialouse
Que la France ait tout ce bon-heur.

Quand ie pense profondement
A vos vertus si recogneües,
Mon espoir prend vn fondement
Qui l'esleue au dessus des nuës,
Ie laisse reposer mes soins
Les alarmes des faux tesmoins,
Ne me donnent plus tant de crainte,
Et mon esprit tout transporté
Au milieu de tant de contrainte,
Gouste à demy ma liberté.

C'est de vous sur tous que i'attends
A voir retrancher la licence
Qui fait habiter trop long temps
La crainte auec l'innocence;
Et quand tout l'Enfer respandroit
Ses tenebres sur mon bon droit
Ie sçay que vostre esprit esclatte,
Dans la plus noire obscurité,

Et que tout l'appas qui vous flatte
C'est la voix de la verité.

Mais ô l'honneur du Parlement,
Tout ce que i'escry vous offence
Puis qu'escrire icy seulement
C'est violer vostre deffence,
Mon foible esprit s'est desbauché,
A l'obiect d'vn si doux peché
Et croit sa faute legitime,
Car la vertu doit aduoüer
Qu'elle mesme est pis que le crime,
Si c'est crime que vous loüer.

REMERCIMENT DE THEOPHILE
à Coridon.

Filles du souuerain des Dieux,
Belles Princesses toutes nuës,
Qui foulez ce mont glorieux
Dont la Vertu touche les nuës,
Cheres germaines du Soleil
Deuant qui la sœur du sommeil
Void toutes ses fureurs captiues,
Descende de ce double m'ont
Et ne vous monstrez point retiues
Quand le merite vous semond.

Derechef pour l'amour de moy,
Sainctes filles de la memoire,
Si vous auez congé du Roy
D'interrompre vn peu son histoire,

Suiuez ce petit traict de feu,
Dont voftre frere perce vn peu
L'obfcurité de ma demeure;
Deeffe il vous faut hafter,
Le Soleil n'a que demie heure
Tout les iours à me vifiter.

Mais quel efclat dans ce manoir
Chaffe l'obfcurité de l'ombre,
D'où vient qu'en ce cachot fi noir
On ne trouue plus rien de fombre?
Inuifibles Diuinitez
Qui par mes importunitez
Eftes fi promptement venuës,
Dieux ! que me diray-ie content
De vous auoir entretenuës
Malgré ceux qui m'en veulent tant.

Dites moy, car c'eft le fuiect,
Pour qui ma paffion vous preffe
Quel doit eftre auiourd'huy l'obiect
De voftre immortelle carreffe,
Faites que vos diuins regards
Le cherchent en toutes les parts
Où mes amitiez fout allees,
Ha ! qu'il paroift vifiblement,
Mufes vous eftes appellees
Pour Coridon tant feulement.

Eft-ce vous le feul des viuans
Qui n'auez point perdu courage
Pour la fureur de tant de vents,
Qui confpirent à mon naufrage,
Vous feul capable de pitié,
Q'vne fi longue inimitié

Contre moy

Contre moy si fort obstinee,
N'a iamais encore abbatu,
Et qui suiuez ma destinee
Iusqu'aux abois de ma vertu
Et tant de laches Courtisans
Dont i'ay si bien flatté la vie,
Contre moy sont les partisans,
Où les esclaues de l'enuie.

Auiourd'huy ces esprits abiects
Ployent à tous les faux obiects,
Que leur offre la calomnie,
Et n'ose d'vn mot seulement
S'opposent à la tyrannie
Qui me creuse le monument.

Ce ne sont que mignards de lict,
Ce sont des courages de terre,
Que la moindre vague amolit
Et qui n'ont qu'vn esclat de verre,
Ce n'est que molesse & que fard,
Leur sens, leur voix, & leur regard,
Ont toufiours diuerse visee,
Et pour le mal & pour le bien
Ils ont vne ame diuisee,
Qui ne peut s'asseurer de rien.

Ces cœurs où l'ennemy de Dieu
A logé tant de perfidie,
Qu'on n'y sçauroit trouuer de lieu
Pour vne affection hardie,
Ils n'ont iamais d'amy si cher,
Que sa mort les puisse empescher,
De quelque visite ordinaire,
Où depuis le matin au soir

Bien souuent ils n'ont rien affaire
Que se regarder & s'asseoir.

    Mais que peut-on contre le sort,
Laissons là ces vilaines ames,
Leur laschetè n'a point de tort,
Ils n'asquirent pour estre infames,
La fortune aux yeux aueuglez,
Aux mouuemens tous dereglez
Les a conçeus à l'aduanture,
Et sous vn Astre transporté
Qui cheminoit contre nature
Quand il leur versa sa clartè.

    Vous estes né tout au rebours
De leurs influances malines,
L'Astre dont vous suiuez le cours
Suit les routes les plus diuines?
Il est vray que vous meritez
Au delà des presporitez,
Dont il vous a laissé l'vsage;
Si le destin donnoit vn rang
Selon l'esprit & le courage
Damon seroit Prince du sang.

    O Dieux! que me faut-il choisir
Pour loüer mon Dieu tutelaire
Que feray-ie en l'ardent desir
Que mon esprit a de vous plaire?
Ie diray par tout mon bon-heur
Ie peindray si bien vostre honneur,
Que la mer qui voit les deux Poles
Dont se mesure l'Vniuers,
Gardera sur les ondes moles
Le carractere de mes vers,

THEOPHILE A SON AMY
CHIRON.

TOY *qui fais vn bréuuage d'eau*
Mille fois meilleur & plus beau,
Que celuy du beau Ganimede,
Et qui luy donne tant d'appas
Que sa liqueur est vn remede,
Contre l'atteinte du trespas.

Pense-tu que malgré l'ennuy
Qui me peut donner auiourd'huy
L'horreur d'vne prison si noire,
Ie ne te garde encor vn lieu
Au mesme endroit de ma memoire
Où se doit mettre vn demy-Dieu.

Beuffy d'vn air tout infecté
De tant d'ordures humecté
Et du froid qui me fait la guerre
Tout chagrin & tout abatu,
Mieux qu'en autre lieu de la terre
Il me souuient de ta vertu.

Chiron au moins si ie pouuois
Te faire ouyr les tristes vois
Dont t'inuoquent mes maladies,
Tu me pourrois donner dequoy
Forcer mes Muses estourdies
A parler dignement de toy.

De tant de vases precieux
Où l'art le plus exquis des Cieux,
A caché sa meilleure force,

I ij

Si i'auois seulement gousté
A leur moindre petite amorce
I'aurou trop d'aise & de santé.

Si deuant que de me coucher
Mes souspirs se pouuoient boucher
D'vn long traict de c'est Hydromelle
Où tout chagrin s'enseuelit,
L'enfant dont auorta Semele
Ne me mettroit iamais au lict.

Au lieu des continus ennuis
Qui me font passer tant de nuits
Auec des visions horribles,
Mes yeux verroient en sommeillant
Mille voluptez inuisibles
Que la main cerche en s'esueillant.

Au lieu d'estre dans les enfers,
De songer des feux & des fers
Qui me font le repos si triste,
Ie songerois d'estre à Paris
Dans le cabinet où Caliste
Eust le triomphe de Cloris.

A l'esclat de ses doux flambeaux
Les noires caues des tombeaux
D'où ie vois sortir des furies,
Se peindroient de viues couleurs
Et seroient a mes resueries
Des beaux prez tapissez de fleurs.

A ! que ie perds de ne pouuoir
Quelquesfois t'ouyr & te voir
Dans mes noires melancholies,
Qui ne me laissent presque rien
De tant d'agreables folies

Qu'on aymoit en mon entretien.

Que mes Dieux sont mes ennemis
De ce qu'ils ne m'ont pas permis
De t'appeller en ma detresse
Docte Chiron apres le Roy
Et les faueurs de ma maistresse
Mon cœur n'a de regret qu'à toy.

PRIERE DE THEOPHILE
AVX POETES DE CE TEMPS.

VOVS à qui de fraisches vallees
Pour moy si durement gelees,
Ouurent les fontaines de vers:
Vous qui pouuez mettre en peinture
Le grand obiect de l'Vniuers,
Et tous les traits de la nature.

Beaux esprits si chers à la gloire,
Et sous qui l'œil de la memoire
Ne sçaurois rien trouuer de beau,
Escoutez la voix d'vn Poete,
Que les alarmes du tombeau
Rendent à chaque fois.

Vous sçauez qu'vne iniuste race
Maintenant fait de ma disgrace
Le iouet d'vn zele trompeur,
Et que leur perfides mines,
Dont les plus resolus ont peur
Tiennent mes Muses enchaisnees?

S'il arriue que mon naufrage
Soit la fin de ce grand orage

Dont ie voy mes iour menaſſez
Ie vous coniure ô troupe ſaincte,
Par tout l'honneur des treſpaſſez,
De vouloir acheuer ma plainte.

Gardez bien que la calomnie,
Ne laiſſe de l'ignominie
Aux tourmens qu'elle ma iurez,
Et que le braſier qu'elle allume,
Si mes os en ſont deuorez,
Ne braſle pas auſſi ma plume.

Contre tous les eſprits de verre,
Autrefois i'auois vn tonnerre,
Mais le temps flatte leur courroux,
Tout me quitte, la Muſe eſt priſe,
Et le bruit de trente verroux
Me choque la voix & la briſe.

Que ſi ceſte race ennemie,
Me laiſſe apres tant d'infamie,
Dans les termes de me venger,
N'attendez point que ie me venge
Au lieu du ſoin de l'outrager
I'auray ſoin de voſtre louange.

Car s'il faut que mes forces luttent,
Contre ceux qui me perſecutent,
De quelle terre des humains,
Ne ſont leurs ligues emparees,
Il faudroit contr'eux plus de mains
Que n'en auroit cent Briarees.

Ma pauure ame toute abatue
Dans ce long ennuy qui me tue,
N'a plus de deſirs violens,
Mon courage & mon aſſeurance

Me font de vigoureux eslans
Du costé de mon esperance.

    Icy pour desnoüer la chaisne
Qui me tient tout prest à la gesne
Mon esprit n'applique ses soins,
Et me reserue sa puissance,
Qu'à rembarer les faux tesmoins
Qui combattront mon innocence.

    Desia depuis six mois ie songe
De quel si dangereux mensonge
Ils m'auront tendu le lien,
Et de quel si souple artifice
Leur esprit plus sot que le mien,
Me conuaincra de malefice.

    On void assez que mes parties,
Bien soigneusement aduerties
De mes plus criminels secrets,
N'ont recours qu'à la tromperie,
Et que mes iuges sont discrets
De ne point punir leur furie.

    Mais ainsi qu'à souler leur haine,
Les Iuges ont des pieds de laine,
Ie voy que ces esprits humains,
Laissent long temps gronder l'enuie,
Sans mettre leur pesantes mains
Dessus mon innocente vie.

    Et cependant ma patience
A qui leur bonne conscience,
Promet vn iour ma liberté,
S'exerce à chercher vne lime
Qui persuade à leur bonté
Qu'on me pardonnera sans crime.

Ma Muse foible & sans haleine
Ouurant sa malheureuse veine,
A recours à vostre pitié:
Ne mordez point sur son ouurage:
Car icy vostre inimitié,
Desmentiroit vostre courage.

Ie ne fus iamais si superbe,
Que d'oster aux vers de Malherbe
Le François qu'ils nous ont appris,
Et sans malice & sans enuie,
I'ay tousiours leu dans ses escrits.
L'immortalité de sa vie.

Pleut au Ciel que sa renommee
Fut aussi cherement aymee,
De mon Prince qu'elle est de moy,
Son destin loin de la commune
Seroit tousiours auec le Roy
Dedans le char de la fortune.

Vne autre veine violente
Tousiours chaude & tousiours sanglante,
Des combats de guerre & d'amour
A tant d'esclat sur les theatres,
Qu'en despit des freslons de Cour
Elle a fait mes sens idolastres.

Hardy, dont le plus grand volume
N'a iamais sçeu tarir la plumer
Pousse vn torrent de tant de vers
Qu'on diroit de l'eau d'Hypocrene
Ne tient tous ses vaisseaux ouuerts
Qu'alors qu'il y remplit sa veine.

Porcheres, auec tant de flamme,
Pousse les mouuemens de l'ame

Vers là vente des immortels,
Qu'ils laissent par tous des matieres,
Ou ses vers trouuent des Autels
Et les autres des cimetieres.

Encore n'ay-ie point l'audace
De fouler leur premiere trace,
Boisrobert, *en peut amener,*
Apres ses pas tout vne presse,
Qui mieux que moy peuuent donner
Des loüanges à sa Princesse.

S. Aman sçait polir la rime,
Auec vne si douce lime,
Que son luth n'est pas plus mignard,
Ny Gombaut *dans vne elegie?*
Ny l'epigrame de Menard,
Qui semble auoir de la magie.

Et vous mille ou plus que i'adore
Que mon dessein veut ioindre encore
A ces genies vigoureux,
De qui ie tache icy la gloire,
Pource que le sort malheureux
Les a fait choir à ma memoire.

Voyant mes Muses estourdies
Des frayeurs & des maladies
Qui me prennent à tous moments,
Faites leur vn peu de caresse
Et leur rendez les complimens
De celuy qui vous les adresse.

REMONSTRANCE DE
THÉOPHILE A MONSIEVR DE
Vertamont Conseiller en la
grand' Chambre.

1. DEsormais que le renouueau
   Fond la glace, & desseiche l'eau
Qui rendent les prez inutiles,
Et qu'en l'obiect de leurs plaisirs
Les places des plus grandes villes
Sont des prisons à nos desirs.

2. Que l'oiseau de qui les glaçons
Auoient enfermé les chansons
Dans la poictrine refroidie,
Trouue la clef de son gosier,
Et promeine sa melodie
Sur le Myrthe & sur le Rosier.

3. Que l'Abeille apres la rigueur
Qui tient ses aisles en langueur
Au fonds de ses petites ruches,
S'en va continuer le miel,
Et quittant la prison des ruches
N'a son vol borné que du ciel.

4. Que les Zephires s'espanchans
Parmy les entrailles des champs
Laschent ce que le froid enserre,
Que l'Aurore auecque ses pleurs
Ouure les cachots de la terre
Pour en faire sortir les fleurs.

5. Que le temps se rend si benin,
Mesme aux serpens pleins de venin,

Dont noſtre ſang eſt ſa paſture :
Qu'en la faueur de la ſaiſon
Et par arreſt de la Nature,
Il les fait ſortir de priſon.

6. L'an a fait plus de la moitié,
Que tous les iours voſtre pitié
Me doit faire changer de place ;
Ne me tenez plus en ſuſpens :
Et me faites au moins la grace
Que le Ciel fait à des ſerpens.

LA MAISON DE SILVIE
PAR THEOPHILE.

ODE I

POVR laiſſer auant que mourir
Les traits viuans d'vne peinture
Qui ne puiſſe iamais perir
Qu'en la perte de la Nature,
Ie paſſe des crayons dorez
Sur les lieux lès plus reuerez,
Où la vertu ſe refugie,
Et dont le port me fut ouuert
Pour mettre ma teſte à couuert
Quand on bruſla mon effigie.

Tout le monde a dit qu'Apollon
Fauoriſe qui le reclame,
Et qu'auec l'eau de ſon valon
Le ſçauoir peut couler dans l'ame :
Mais i'eſtouffe ce vieil abus,
Et banis deſormais Phœbus

De la bouche de nos Poëtes,
Tous tes Temples sont démolis
Et ses demons enseuelis
Dans des sepultures muettes.

    Ie ne consacre point mes vers
A ces idoles effacées,
Qui n'ont esté dans l'vniuers
Qu'vn faux object de nos pensees,
Ces fantosmes n'ont plus de lieu
Tels qu'on dit auoir esté Dieu,
N'estoit pas seulement vn homme
Le premier qui vit l'Eternel,
Fut cet impudent criminel,
Qui mordit la fatale pomme.

    Tous ces Dieux de bronze & d'airain
N'ont iamais lancé le tonnerre,
C'est le dard du Dieu souuerain
Qui crea le Ciel & la Terre,
Hà ! que le celeste courroux
Estoit bien embrazé sur nous,
Lors qu'il fit parler ces Oracles,
Et que sans destourner nos pas
Il nous vit courir aux appas,
De leur pernicieux miracles.

    Sathan ne nous fait plus broncher
Dans de si dangereuses toiles,
Le Dieu que nous allons chercher
Loge plus haut que les estoiles,
Nulle diuinité que luy
Ne me peut donner auiourd'huy
Ceste flame ou ceste fumee,
Dont nos entendemens espris
S'efforcent à gaigner le prix,

Que merite la renommee.

Apres luy ie m'en vais loüer
Vn image de Dieu si belle,
Que le Ciel me doit adnoüer
Du trauail que ie fay pour elle:
Car apres ses sacrez Autels,
Qui denant leurs feux immortels
Font aussi prosterner les Anges,
Nous pouuons sans impieté
Flatter vne chaste beauté
Du doux encens de nos loüanges.

Ainsi sous de modestes vœux
Mes vers promettent à Siluie,
Ce bruict charmeur que les neueux
Nomment vne seconde vie;
Que si mes escrits mesprisez
Ne peuuent voir authorisez
Les tesmoignages de sa gloire,
Ces eaux, ces rochers & ces bois
Prendront des ames & des voix
Pour en conseruer la memoire.

Si quelques arbres renommez
D'vne adoration profane,
Ont esté iadis animez
Des sombres regards de Diane:
Si les ruisseaux en murmurant
Alloient autrefois discourant
Au gré d'vn Faune ou d'vne Fee,
Et si la masse du rocher
Se laissa quelquefois toucher
Aux chansons que disoit Orphee.

Quelle dureté peut auoir
L'object que ma Princesse touche,

Qu'elle ne puisse le pourueoir
Tout aussi tost d'ame & de bouche ?
Dans ses bastimens orgueilleux
Dans ses pourmenoirs merueilleux
Quelle solidité de marbres
Ne pourront penetrer ses yeux,
Quelles fontaines & quels arbres
Ne les estimeront des Dieux ?

    Les plus durs chesnes entr'ouuerts
Bien plustost de gré que de force,
Peindront pour elle de mes vers
Et leurs fueilles & leur escorce,
Et quand ils les auront grauez
Sur leurs fronts des plus releuez,
Ie sçay que les plus fiers orages
Ne leur oseront pas toucher,
Et pourront plustost arracher
Leur racines & leur ombrages.

    Ie sçay que ces miroirs flottans
Où l'obiect change tant de place,
Pour elle deuenus constans
Auront vne fidele glace,
Et sous vn ornement si beau
La surface mesme de l'eau,
Nonobstant sa delicatesse
Gardera seurement entrez,
Et mes characteres sacrez,
Et les attraits de la Princesse.

    Mais sa gloire n'a pas besoin
Que mon seul ouurage en responde,
Le ciel a desia pris le soin
De la peindre par tout le monde,
Ses yeux sont peints dans le Soleil,

L'Aurore dans son teint vermeil
Void ses autres beautez tracées,
Et rien n'esteindra ces vertus
Que les Cieux ne soient abbatus
Et les estoilles effacées.

ODE II.

VN soir que les flots mariniers
Apprestoient leur molle litiere,
Aux quatre rouges limonniers
Qui sont au long de la lumiere,
Ie panchois mes yeux sur le bort
D'vn lict où la Naiade dort
Et regardant pescher Siluie
Ie voyois battre les poissons
A qui plustost perdroit la vie
En l'honneur de ses hameçons.

D'vne main defendant le bruit,
Et de l'autre iettant la line,
Elle fait qu'abordant la nuict,
Le iour plus bellement decline,
Le Soleil craignoit d'esclairer,
Et craignoit de se retirer,
Les estoilles n'osoient paroistre,
Les flots n'osoient s'entrepousser,
Le Zephire n'osoit passer,
L'herbe se retenoit de croistre.

Ses yeux iettoient vn feu dans l'eau,
Ce feu choque l'eau sans la craindre,
Et l'eau trouue se feu si beau
Qu'elle ne l'oseroit esteindre,
Ses Elemens si furieux
Pour le respect de ses beaux yeux
Interrompirent leur querelle

Et de crainte de la fascher
Se virent contraints de cacher
Leur inimitié naturelle.

   Les Tritons en la regardans
Au trauers leur vitre liquides
D'abord à cét object ardant
S'entent qu'ils ne sont plus humides,
Et par estonnement soudain,
Chacun d'eux dans vn corps de dain,
Cache sa forme despoüillee,
S'estonne de se voir cornu,
Et comment le peil est venu
Dessus son escaille moüillee.

   Souspirant du cruel affront
Qui de Dieux les a fait des bestes,
Et sous les cornes de leur front
A courbé leurs honteuses testes,
Ils ont abandonné les eaux
Et dans la riue où les rameaux,
Leur ont fait vn logis si sombre,
Promenant leurs yeux esbahis
N'osent plus fier que leur ombre,
A l'estang qui les a trahis.

   On dit que la sœur du Soleil
Eust ce pouuoir sur la Nature,
Lors que d'vn changement pareil
Acteon quitta sa figure,
Ce que fit sa diuine main,
Pour punir dans vn corps humain,
Sa curiosité profane
S'est fait icy contre les Dieux,
Qui n'auoient approché leurs yeux
Que des yeux de nostre Diane.

                    Ces dains

Ces dains que la honte & la peur
Chaſſe des murs & des allees,
Maudiſſent le deſtin trompeur
Des froideurs qu'il leur a volées,
Leur cœur priué d'humidité
Ne peut qu'auec timidité
Voir le ciel ny fouler la terre,
Où Siluie en ſes pourmenoirs
Iette l'eſclat de ſes yeux noirs
Qui leur font encore la guerre.

    Ils s'eſtiment heureux pourtant
De prendre l'air qu'elle reſpire,
Leur deſtin n'eſt que trop contant
De voir le iour ſous ſon Empire,
La Princeſſe qui les charma
Alors qu'elle les transforma,
Les fit eſtre blancs comme neige
Et pour conſoler leur douleur,
Ils receurent le priuilege
De porter touſiours ſa couleur.

    Lors qu'à petits floquons liez
La neige fraiſchement venuë,
Sur des grands tapis deſliez
Eſpanche l'amas de la nuë,
Lors que ſur le chemin des cieux
Ses grains ſerrez & gracieux,
N'ont trouué ny vent ny tonnerre,
Et que ſur les premiers coupeaux,
Loing des hommes & des troupeaux
Ils ont peint les bois & la terre.

    Quelque vigueur que nous ayons
Contre les eſclats qu'elle darde
Ils nous bleſſent & leurs rayons

L

Esblouyssent qui les regarde,
Tel dedans ce parc ombrageux
Esclatte le troupeau negeux
Et dans ces vestemens modestes,
Où le front de Siluie est peint,
Fait briller l'esclat de son teint
A l'ennuy des neges celestes.

   En la saison que le Soleil
Vaincu du freid & de l'orage,
Laisse tant d'heures du sommeil
Et si peu de temps à l'ouurage:
La nege voyant que ses dains
La foulent auec des desdains
S'irrite de leurs bons superbes,
Et pour affermer ce troupeau
Par despit sous vn froid manteau,
Caché & transit tous les herbes.

   Mais le parc pour ses nourrissons
Tient assez de creches couuertes,
Que la nege ny les glaçons
Ne trouueront iamais ouuertes,
Là le plus rigoureux hyuer
Ne les sçauroient iamais priuer,
Ny de loge ny de pasture
Ils y trouuent tousiours du vert,
Qu'vn peu de soin met à couuert
Des outrages de la Nature.

   Là les faisans & les perdris
Y fournissent leurs compagnies,
Mieux que les bales de Paris
Ne les sçauroient auoir fournies,
Auec elle voit-on manger
Ce que l'air le plus estranger

Nous peut faire venir de rare
Des oiseaux venus de si loing
Qu'on y voit imiter le soin
D'vn grand Roy qui n'est pas auare.
    Les animaux les moins prinez,
Aussi bien que les moins sauuages,
Sont esgalement captiuez
Dans ces bois & dans ces riuages,
Le maistre d'vn lieu si plaisant
De l'hyuer le plus malfaisant,
Deffie toutes les malices
A l'abondance de son bien,
Les Elemens ne trouuent rien
Pour luy retrancher ses delices.

ODE III.

Dans ce Parc vn valon secret
    Tout voilé de ramages sombres,
Où le Soleil est si discret
Qu'il ny force iamais les ombres,
Pressé d'vn cours si diligent
Les flots de deux ruisseaux d'argent,
Et donne vne fraischeur si viue
A tous les objets d'alentour,
Que mesme les martyrs d'Amour
Y trouuent leur douleur captiue.
    Vn estanc dort là tout aupres,
Où ces fontaines violentes,
Courent & font du bruit exprés
Pour esueiller ses vagues lentes,
Luy d'vn maintien majestueux
Reçoit l'abord impetueux
De ces Naiades vagabondes,
Qui dedans ce large vaisseau

Confondent leur petit ruisseau,
Et ne discernent plus ses ondes.

    Là Melicerte en vn gazon,
Frais de l'estanc qui l'enuironne
Fait aux Cygnes vne maison
Qui luy sert aussi de couronne,
Si la vague qui bat ses bors
Iamais auecques des thresors
N'arriue à son petit Empire
Au moins les vents & les rochers
N'y font point crier les nochers
Dont ils ont brisé les nauires.

    Là les oiseaux font leurs petits,
Et n'ont iamais veu leurs couuees,
Souler les sanglots apperits
Du serpent qui les a trouuees,
Là n'estend point ses plis mortels
Ce monstre de qui tant d'autels
Ont iadis adoré les charmes
Et qui d'vn gosier gemissant
Fait tomber l'ame du passant
Dedans l'embusche de ses larmes.

    Zephyre en chasse les chaleurs,
Rien que les Cygnes ny repaissent
On n'y trouue rien sous les fleurs
Que la fraischeur dont elles naissent,
Le gazon garde quelques fois
Le bandeau, l'arc & le carquois
De mill' amours qui se despoüillent,
A l'ombrage de ses roseaux,
Et dans l'humidité des eaux
Trempent leur ieunes corps qui boüillent.

    L'estanc leur preste sa fraischeur,

La Naiade leur verse à boire,
Toute l'eau prend de leur blancheur
L'esclat d'vne couleur d'yuoire,
On void là ces nageurs ardens,
Dans les ondes qu'ils vont fendants,
Faire la guer e aux Nereides,
Qui deuant leur teint mieux vny,
Cachent leur visage terny
Et leur front tout coupé de rides.

　　Or ensemble, ores dispersez,
Ils brillent dans ce cresse sombre,
Et sous les flots qu'ils ont persez
Laissent esuanoüir leur ombre,
Par fois dans vne claire nuiét,
Qui du feu de leurs yeux reluit
Sans aucun ombrage de nües,
Diane quitte son Berger
Et s'en va là dedans nager,
Auecque ses estoilles nües.

　　Les ondes qui leur font l'amour,
Se refrisent sur leurs espaules,
Et font danser tout à l'entour
L'ombre des roseaux & des saules;
Le Dieu de l'eau tout furieux,
Haussé pour regarder leurs yeux
Et leur poil qui flotte sur l'onde,
Du premier qu'il voit approcher,
Pense voir ce jeune cocher
Qui fit iadis brusler le monde.

　　Et ce pauure amant langoureux,
Dont le feu tousiours se r'allume,
Et de qui les soins amoureux
Ont fait ainsi blanchir la plume?

Ce beau Cigne à qui Phaëton
Laiſſa ce lamentable ton,
Teſmoin d'vne amitié ſi ſainĉte,
Sur le dos ſon aiſle eſleuant
Met ſes voilles blanches au vent,
Pour chercher l'obieĉt de ſa plainĉte.

   Ainſi pour flatter ſon ennuy,
Ie demande au Dieu Melicerte,
Si chacun Dieu n'eſt pas celuy
Dont il ſouſpire tant la perte,
Et contemplant de tous coſtez
La ſemblance de leurs beautez,
Il ſent renouueller ſa flamme,
Errant auec des faux plaiſirs
Sur les traces des vieux deſirs,
Que conſerue encore ſon ame.

   Touſiours ce furieux deſſein,
Entretient ſes bleſſeures fraiſches,
Et fait venir contre ſon ſein
L'air bruſlant & les ondes ſeches :
Ces attraits empreints là dedans
Comme auec des flambeaux ardans,
Luy rendent la peau toute noire,
Ainſi dedans comme dehors,
Il luy tient l'eſprit & le corps
La voix, les yeux & la memoire.

ODE. IIII.

CHaſte oyſeau que ton amitié,
Fut malheureuſement ſuiuie,
Sa mort eſt digne de pitié
Comme ta foy digne d'enuie:
Que ce precipité tombeau,
Qui t'en laiſſa l'obieĉt ſi beau,

Fut cruel à tes deſtinees,
Si la mort l'euſt laiſſé vieillir,
Tes paſſions alloient faillir:
Car tout s'eſteind par les annees.

   Mais quoy ! le ſort a des reuers
Et certains mouuemens de haine,
Qui demeurent touſiours couuerts
Aux yeux de la prudence humaine:
Si pour fuir ce repentir
Ton iugement euſt peu ſentir,
Le iour qui nous deuoit diſioindre,
Tu n'euſſe iamais veu ce iour,
Et iamais le traiĉt de l'amour
Ne ſe fut meſlé de te poindre.

   Pour auoir aymé ce garçon,
Encor apres la ſepulture,
Ne crains pas le mauuais ſoupçon
Qui peut blaſmer ton aduanture,
Les courages des vertueux,
Peuuent d'vn vœu reſpeĉtueux
Aymer toutes beautez ſans crime,
Comme donnant à tes amours
Ce chaſte & ce commun diſcours,
Mon cœur n'a point paſſé ma rime.

   Certains Critiques curieux
En trouuent les mœurs offencees,
Mais leurs ſoupçons iniurieux
Sont les crimes de leurs penſees :
Le deſſein de la Chaſteté
Prend vne honneſte liberté,
Et franchit les ſottes limites,
Que preſcriuent les impoſteurs,
Qui ſous des robes de Doĉteurs,

Ont des ames de Sodomites.

Le Ciel nous donne la beauté
Pour vne marque de sa grace,
C'est par où sa diuinité
Marque tousiours vn peu sa trace,
Tous les obiects les mieux formez,
Doiuent estre les mieux aymez,
Si ce n'est qu'vne ame maligne,
Esclaue d'vn corps vicieux,
Combattent les faueurs des Cieux,
Et demente son origine.

O que le desir aueuglé,
Où l'ame du brutal aspire,
Est loin du mouuement reglé
Dont le cœur vertueux souspire,
Que ce feu que nature a mis,
Dans le cœur de deux vrays amis
A des rauissemens estranges,
Nature a fondé cest amour,
Ainsi les vœux ayment le iour,
Ainsi le Ciel ayme les Anges.

Ainsi malgré ces tristes bruits,
Et leur imposture cruelle,
Thyrsis & moy goustons les fruicts
D'vne amitié chaste & fidele,
Rien ne separe nos desirs,
Ny nos ennuys, ny nos plaisirs,
Nos influences enlassees
S'estreignent d'vn mesme lien,
Et mes sentimens ne sont rien
Que le miroir de ses pensees.

Certains feux de diuinité,
Qu'on nommoit autres fois Genies

D'vne

D'vne inuisible affinité
Tiennent nos fortunes vnies
Quelque visage different,
Quelque diuers sort apparent,
Qui se lise en nos aduantures,
Sa raison & son amitié,
Prennent auiourd'huy la moitié
De ma honte & de mes iniures.

    Lors que d'vn si subit effroy
Les plus noirs enfans de l'enuie,
Au milieu des faueurs du Roy,
Oserent menacer ma vie,
Et que pour me voir opprimé
Le Parlement mesme animé
Des rapports de la calomnie,
Sans pitié me vit combattu,
De la secrete tyrannie
Des ennemis de ma vertu.

    Thirsis auecque trop de foy
M'asseura comme il est vnique
A qui l'astre luisant sur moy,
De tous mes destins communique,
Il n'eust pas disposé son cours
A commencer les tristes iours,
Dont ie souffre encore l'orage,
Qui s'en vint sous vn froid sommeil
De tout ce funeste appareil
A Damon faire voir l'image.

    Thirsis outré de mes douleurs,
Me redit ce songe effroyable,
Qu'vn long train de tant de malheurs
Rendent d'oresnauant aymables;
D'vn long souspir qui deuança

La premiere voix qu'il pouſſa
Pour predire mon aduanture,
Ie ſentis mon ſang ſe geler,
Et comme autour de moy voler,
L'ombre de ma douleur future.

ODE V.

DAmon, dit-il, ï'eſtois au lit
Gouſtant ce que les nuits nous verſent,
Lors que le ſomme enſeuelit
Les ſoins du iour qui nous trauerſent
Au milieu d'vn profond repos,
Où nul regard ny nul repos,
N'abuſoit de ma fantaſie,
Vne froide & noire vapeur
Me tranſit l'ame d'vne peur
Qui la tient encore ſaiſie.

Iamais que lors noſtre amitié
N'auoit mis mon cœur à la geſne,
Tu me fis lors plus de pitié
Que Philis ne me fait de peine,
Ceſt effroyable ſouuenir
Me vient encore entretenir
Et me redonne les alarmes
Du ſpectacle plus ennemy,
Qui iamais d'vn œil endormy
A peu faire couler des larmes.

Ie ne ſçay ſi le feu d'amour,
Qui n'abandonne point mon ame,
Au deffaut des rayons du iour
Ouurit lois mes yeux de ſa flame:
Combien que dans ce froid ſommeil
La viſible ardeur du Soleil
Se fut du tout eſuanouie,

Ie creus qu'en ceste fiction
I'auois libre la fonction
De ma veüe & de mon ouye.

   Vn grand fantosme sousterrain
Sortant de l'infernalle fosse
Enroüé comme de l'airain,
Où rouleroit vne carrosse,
D'vn abord qui me menaçoit,
Et d'vn regard qui me blessoit,
Dressant vers moy ses pas funebres,
Fier des commissions du sort
Me dit trois fois Damon est mort:
Puis se perdit dans les tenebres.

   Sans doute que leurs veritez
Plus puissantes que leur mensonges,
Touchent plus fort nos facultez,
Et nous impriment mieux les songes,
Ie retins si bien ses accens,
Et son image dans mes sens
Demeura tellement empreinte,
Que ton corps mort entre mes bras,
Et ton sang versé dans mes dras,
Ne m'eussent pas fait plus de crainte.

   Apres d'vne autre illusion
Reflechissant sur ma pensée,
Et songeant à la vision,
Qui s'estoit fraischement passée,
Ie songeois qu'encor on doutoit
En quel estat Damon estoit,
Et comme au fort de la lumiere,
Où les obiets sont esclaircis,
Ie condamnois les faux soucis,
De mon illusion premiere.

M ij

Mais dans ce doute vn Messager,
Qui portoit les couleurs des Parques,
Me vint de ce fatal danger
Rafraischir les celestes marques,
Vn garçon habillé de dueil,
Qui sembloit sortir du cercueil,
Ouurant les rideaux de ma couche
Me crie : On a tué Damon :
Mais d'vn accent que le Demon
N'auoit pas esté plus farouche.

    Morphee à ce second assaut,
Ostant ses fers a ma paupiere,
Me resueilla tout en sursaut,
Et me laissa voir la lumiere :
Ie me leuay deshabillé
Plus transi, plus froid, plus moüillé,
Que si i'estois forty de l'onde :
C'estoit au point que l'Occident
Laisse sortir le char ardent,
où roule le flambeau du monde.

    Cherchant du soulas par mes yeux,
Ie mets la teste à la fenestre,
Et regarde vn peu dans les Cieux
Le iour qui ne faisoit que naistre :
Et combien que ce songe là
Dans mon sang que la peur gela,
Laissast encore ses images
Ie me r'asseure & me rendors
Croyant que les vapeurs du corps
Auoient enfanté ces nuages.

    Le sommeil ne m'eust pas repris,
Que songeant encore à ta vie
Tu vins r'asseurer mes esprits

Qu'on ne te l'auoit point rauie,
Il est vray, Thirsis, me dis-tu,
Qu'on en veut bien à ma vertu,
Là ie te vis dans vne esmeute,
Auancer l'espee à la main
Vers vn portail qui cheut soudain
Et qui t'accable de sa cheute.

De là ce songe en mon cerueau,
Poursuiuant tousiours son idee,
Ie te vis suiure en vn tombeau
Par vne foulle desbordee,
Les Iuges y tenoient leur rang,
L'vn d'entr'eux espancha du sang,
Qui me iaillit contre la face,
Là tout mon songe s'acheua,
Et ton pauure amy se leua
Noyé d'vne sueur de glace.

Cher Thyrsis lors que mon esprit
D'vne sonuenance importune,
Repense au destin qui t'apprit
Les secrets de mon infortune,
Lors que ie suis le moins troublé
Tout mon espoir est accablé
De la tempeste ineuitable,
Dont me bat le courroux diuin,
Et voicy comment son deuin
A rendu ta voix veritable.

Ce songe du fatal secret,
Où ma premiere mort fut peinte
Presidoit le cruel decret,
Dont ma liberté fut esteinte,
Ce garçon aux vestemens noirs,
Qui semble sortir des manoirs,

Qui ne s'ouure qu'à la magie,
Lors qu'il parla de mon tombeau
Predifoit l'infame flambeau,
Qui confuma mon effigie.

 Thyrfis encor à l'autrefois,
Que cefte vifion fuiuie
Par mes regards & par ma vois
L'affeura que i'eftois en vie,
Se doit affez reffonuenir
Du foucy qui le fit venir
Où i'auois commencé ma fuitte,
Lors que fa voix moins que fes pleurs
Me dit ce fonge de malheurs,
Dont i'attens encore la fuitte.

 Ce fonge auec autant de foy
Luy fit voir l'efpee & la porte,
Et le peuple à l'entour de moy
Comme d'vne perfonne morte,
Quand mes foibles bras alarmez
A cinquante voleurs armez
Voulurent prefenter l'efpee,
Ie cheus fous vn portail ouuert,
Et fus faifi dans le couuert,
Où ma bonne foy fut trompee.

 Soudain le fieur de Commartin
Qui porte des habits funebres,
Me fit ferrer à Sainct Quentin
Entre les fers & les tenebres;
Depuis toufiours tout enchaifné
Soixante Archers m'ont amené
Par les bruits de la populace
Dedans ce tenebreux manoir,
Où ce fang & les inges noirs

M'auoient desia marqué la place.

ODE VI.

Insi prophetisa Thyrsis
Les malheurs que toute vne annee
Par des accidens si precis
A fait choir sur ma destinee,
La furie de mon destin
Luy parut au mesme matin,
Qu'elle respandit sa bruine,
Car le Decret du Parlement
Se donnoit au mesme moment,
Que Thyrsis songeoit ma ruine.

Mon innocence & ma raison
Pour eschapper à leur cholere,
Appellerent de ma prison
A l'Autel d'vn Dieu tutelaire,
C'est où ie trouuay mon support,
C'est où Thyrsis courut d'abord
Predire & consoler ma peine
Nous estions lors tous deux couuerts
De ces arbres pour qui mes vers
Ouurent si iustement ma veine.

Nous estions dans vn cabinet
Enceint de fontaines & d'arbres,
Son meuble est si clair & si net,
Que l'esmail est moins que les marbres,
Celuy qui l'a fait si polly
Semble auoir iadis demoly
Le grand Palais de la lumiere,
Et pillant son riche pourpris
De tout ce glorieux debris,
A noir là porté la matiere.

Pour conseruer mon ornement

Le Soleil le laue & l'essuye,
Car c'est le Soleil seulement,
Qui fait le beau temps & la pluye,
Flore y met tant de belles fleurs,
Que l'Aurore ne peut sans pleurs
Voir leur esclat qui la surmonte,
C'est à cause de cet affront,
Qu'elle monstre si peu son front,
Et qu'on la voit rougir de honte.

    L'odeur de ces fleurs passeroit
Le musc de Rome & de Castille,
Et la terre s'offenseroit
Qu'on y bruslast de la pastille,
Le garçon qui se consomma
Dans les ondes qu'il alluma,
Void là tous ses appas renaistre,
Et ravy d'vn obiect si beau,
Il admira que son tombeau
Luy conserue encore son estre.

    La Nymphe qui luy fait la Cour
Le voit là tous les ans reuiure,
Car son opiniastre amour
La contraint encore à le suiure,
Là le Ciel semble auoir pitié,
Des longs maux de son amitié,
Et permet par fois au Zephyre
De l'amener à son amant,
Qui respire insensiblement
L'air des flames qu'elle souspire.

    Echo dedans vn si beau feu
Ialouse que le Ciel la voye,
Est inuisible & parle peu
De respect de honte & de ioye,

                              Ainsi

Ainsi mes esprits transportez
Se trouuent tous desconcertez,
Quand vne beauté me regarde,
Et mon discours le moins suspect,
Trouue tousiours ou le respect,
Ou la honte qui le retarde.

    Quand ie vois partir les regards
Des superbes yeux de Caliste,
Qui sont autant de coups de dards,
Où nulle qu'elle ne resiste,
Le tesmoin le plus asseuré,
Qui de mon esprit esgaré
Monstre la passion confuse,
C'est que ie ne sçaurois commencer
Le prier d'vn mot seulement,
Que sa voix ne me le refuse.

    Ie suiurois l'importun desir,
Qui m'en parle tousiours dans l'ame,
Et prendrois icy le loisir
De parler vn peu de ma flamme:
Mais l'entreprise du tableau,
Qui par vn cabinet si beau,
Commence à pourmener la Muse,
Me tient dans ce Parc enchanté
Où le Printemps le plus hasté,
Tousiours cinq ou six mois s'amuse.

    Quand le Ciel lassé d'endurer,
Les insolences de Borée
L'a contraint de se retirer,
Loin de la campagne azurée
Que les Zephyres r'appellez
Des ruisseaux à demy gelez,
Ont rompu les escorces dures,

N

Et d'vn souffle vif & serain,
Du Celeste Palais d'airain,
Ont chassé toutes les ordures.

    Les rayons du iour esgarez
Parmy des ombres incertaines,
Esparpillent les feux dorez
Dessus l'azur de ces fontaines,
Son or dedans l'eau confondu
Auecques ce cristal fondu,
Mesle son teint & sa nature,
Et seme son esclat mouuant,
Comme la branche au gré du vent
Efface & marque sa peinture.

    Zephyre ialoux du Soleil,
Qui paroist si beau sur les ondes,
Trauerse ainsi l'esclat vermeil
De ses allees vagabondes,
Ainsi ces amoureux Zephyrs
De leurs nerfs qui sont leurs souspirs,
Renforçant leur secousses fraisches,
Destournent tousiours ce flambeau,
Et pour cacher le front de l'eau
Iettent au moins des fueilles seches.

    L'eau qui fuit en les regardant
Orgueilleuse de leur querelle
Rit & s'eschappe cependant
Qu'ils sont à disputer pour elle,
Et pour prix de tous leurs efforts,
Laissant les ames sur les bords,
De ceste fontaine superbe,
Dissipent toute leurs chaleurs
A conseruer l'estat des fleurs,
Et la molle fraischeur de l'herbe;

C'est où se couche Palemon,
Qui triomphe de leur maistresse,
Et plein d'escume & de limon,
Quant il veut reçoit sa carresse:
Ainsi n'agueres deux Bergers
Ont couru les sanglans dangers,
Que l'honneur à mis à l'espee,
Et par vn malheur naturel
Laissent vainqueur de leur duel
Vn vilain qui pleut à Napee.

ODE VII.

L E plus superbe ameublement,
  Dont le seiour des Bois esclatte,
L'or semé prodigalement
Sur la soye & sur l'escarlette,
N'eurent iamais rien de pareil
Aux teintures, dont le Soleil
Couure les petits flots de verre,
Quelle couleur peut plaire mieux
Que celle qui contraint les cieux
De faire l'amour à la terre.

Ce cabinet tousiours couuert
D'vne large & haute tenture,
Prend son ameublement tout verd
Des propres mains de la Nature,
D'elle de qui le iuste soin,
Estend ses charitez si loin,
Et dont la richesse feconde,
Paroist si claire en chaque lieu,
Que la prouidence de Dieu
L'establit pour nourrir le monde.

Tous les bleds elle les produits
Le sep ne vit que de sa force,

Elle en fait le pampre & le fruict,
Et les racines & l'escorce,
Elle donne le mouuement,
Et le siege à chaque element,
Et selon que Dieu l'authorise,
Nostre destin pend de ses mains,
Et l'influence des humains,
Ou leur nuict ou les fauorise.

    Elle a mis toute sa bonté,
Et son sçauoir & sa richesse;
Et les thresors de sa beauté
Sur le Duc & sur la Duchesse;
Elle a fait les heureux accords,
Qui ioignent leur ame & leur corps;
Bref, c'est elle aussi qui marie
Les Zephyres auec nos fleurs,
Et qui fait de tant de couleurs
Tous les ans leur tapisserie.

    Auec les naturels appas
Dont ce beau cabinet se pare,
La musique ne manque pas
D'y fournir ce qu'elle a de rare,
Ces chantres si tost esueillez,
Qui dorment tousiours habillez,
Quand l'Aurore les vient semondre,
Luy donnent vn si doux salut,
Que Sainct Amant auec son lut,
Auroit peine de les confondre.

    Quand la Princesse y fait seiour,
Ces oyseaux pensent que l'Aurore
A dessein d'y tenir sa cour,
A quitté les riues du More,
Vn sainct desir de l'approcher

Les anime & les fait pancher
Des branches qui luy font ombrage,
Et deuant ces diuinitez
Leur innocentes libertez
Ne craigne rien qui les outrage.

Leurs cœurs se laissent desrober,
Insensiblement ils s'oublient,
Et les rameaux qu'ils font courber,
Quelquesfois leurs pieds se deslient,
Leur petit corps precipité
Se fie en la legereté
De la plume qui les retarde,
Ils planent sur leur aisserons
Et voletent aux enuirons
De Siluie qui les regarde.

Quand elle escoute nos chansons
Leur vaine gloire s'estudie,
A reciter quelques leçons,
De leur plus douce melodie,
Chacun d'eux se trouue rauy,
Ils estallent tout à l'ennuy
Leur thresor caché sous la plume,
Et ses remedes si plaisans
Qui des soucis les plus cuisans
Destrempent toute l'amertume.

Comme les Chantres quelquesfois,
D'vne complaisante ignorante,
Nignardant & l'œil & la voix
Deuant les beaux yeux d'Amarante,
Leur plaisir & leur vanité
Fait qu'auec importunité,
Ils nous prodiguent leurs merueilles,
Et qu'ils chantent si longuement,

Que leur concert le plus charmant
Lasse l'esprit & les oreilles.

    Ainsi l'entretien d'vn rimeur,
Enflé des arts & des sciences,
Lors qu'il se trouue en bonne humeur
Vient a bout de nos patiences,
Et sans qu'on puisse rebuter
Cest instinct de persecuter
Que leur inspire le Genie,
Il faut à force de parler,
Que leur poulmon las de souster
Fasse paix à la compagnie.

    Ainsi ces oyseaux s'attachans,
Au dessein de plaire à Siluie,
Dans les longs efforts de leurs chants
Semblent vouloir laisser la vie
Leur gosier sans cesse mouuant,
Estourdit les eaux & le vent
Et vaincu de sa violence,
Quoy qu'il vueille se retenir,
Il peut à peine reuenir,
A la liberté du silence.

    Comme ils taschent à qui mieux mieux,
De faire agreer leur hommage,
Leur Zele rend presque odieux
Le tumulte de leur ramage,
Leur bruit est ce bruit de Paris
Lors qu'vne voix de tant de cris
Benit le Roy parmy les rues,
Qu'on le fasche en le benissant,
Et l'air esclatte d'vn accent
Qui semble auoir creué les nues.

ODE VIII.

SVr tous le Roßignol outré,
Dans son ame encor'alterée,
N'a iamais peu dire à son gré
Les affrons que luy fit Térée
Ses poulmons sans cesse enflammez,
Sont ses vieux souspirs r'animez,
Et ce peu d'esprit qui luy reste
N'est qu'vn souuenir eternel,
De maudire son criminel,
Et l'appeller tousiours inceste.

Ce petit oyseau tout panché
Où la Princesse se presente,
Craint d'auoir le gosier bouché,
Le bec clos, la langue pesante,
Et cependant qu'il peut iouyr,
Du bon-heur de se faire ouyr,
Luy raconte son aduanture,
Et gazoüille soir & matin
Sur les caprices du destin
Qui luy fit changer de Nature.

Il a de si diuers accez
Dans le long recit de sa honte,
Qu'on aura finy mon procez
Quand il aura finy son conte:
Les morts gisans sous Pelion
Toutes les cendres d'Ilion
N'ont point donné tant de matiere,
De faire des plaintes aux Cieux
Que cest oyseau malicieux
En vomit sur son Cimetiere.

Ce plaisir reste reste à son malheur
Que sa voix qui daigne le suiure,

Afin de venger sa douleur
La fait continuer de viure,
Il ne fait pas bon irriter
Celuy qui sçait si bien chanter:
Car l'artifice de l'enuie
Ne sçauroit trouuer vn tombeau,
D'où son esprit tousiours plus beau.
Ne reuienne encore à la vie.

La cendré de son monument
Malgré les traces ennemies,
Fait reuiure eternellement
Son merite & leur infamies,
Les vers flateurs & mesdisans
Trouuent tousiours des partisans:
Le pinceau d'vn faiseur de rimes,
S'il est adroit aux fictions,
Aux plus sinceres actions
Sçait donner la couleur des crimes.

Dieux que c'est vn contentement
Bien doux à la raison humaine,
Que d'exhaler si doucement
La douleur que nous fait la haine;
Vn brutal qu'on va poursuiuant
Dans des souspirs d'air & de vent,
Cherche vne honteuse allegeance,
Mais la douleur des bons esprits
Qui laisse des souspirs escrits
Guerit auecques la vengeance.

Auiourd'huy dans les durs soucis
Du mal-heur qui me bat sans cesse,
Si mes sens n'estoient adoucis
Par le respect de la Princesse:
I'escrirois auecques du fil

Les aduersitez dont le ciel,
Souffre que les meschans me troublent,
Et quand mes maux m'accableroient,
Mes iniures redoubleroient
Comme leur cruautez redoublent.

    Peut estre les sanglants autheurs
De tant & de si longs outrages,
Ces infames persecuteurs
Verront mourir leurs vieilles rages,
Et si ma fortune à son tour
Permet que ie me venge vn iour :
N'ay-ie point vne ancre assez noire,
Et dans ma plume assez de traicts,
Pour les peindre dans les portraicts
Qui font horreur à la memoire ?

    Mais icy mes vers glorieux
D'vn obiect plus beau que les Anges,
Laissent ce soing iniurieux
Pour s'occuper à des loüanges.
Puis que l'horreur de la prison
Nous laissent encor la raison ;
Muses laissons passer l'orage
Donnons plustost nostre entretien,
A loüer qui nous fait du bien
Qu'à maudire qui nous outrage.

    Et mon esprit voluptueux
Souuent pardonne par foiblesse,
Et comme font les vertueux
Ne s'aigrit que quand on le blesse
Encore dans ces lieux d'horreur
Ie ne sçay quelle molle erreur,
Parmy tous ces obiects funebres
Me tire teusiours au plaisir,

Et mon œil qui ſuit mon deſir
Void Chantilly dans cès tenebres.

    Au trauers de ma noire tour
Mon ame a des rayons qui percent,
Dans ce Parc que les yeux du iour
Si difficilement trauerſent,
Mes ſens en ont le tableau,
Ie ſens les fleurs au bord de l'eau,
Ie prens le frais qui les humecte,
La Princeſſe s'y vient aſſeoir
Ie voy comme elle y va le ſoir
Que le iour fuit & la reſpecte.

    Les oyſeaux ny font plus de bruit,
Le ſeul Roy de leur harmonie,
Qui touche vn luth en pleine nuict
Demeure en noſtre compagnie;
Et laiſſant ces vieilles douleurs
Dans la lumiere & les chaleurs
Que la ſuitte du iour emporte,
Il concerte ſi ſagement
Qu'il ſemble que le iugement
Luy forme des airs de la ſorte.

ODE IX.

MOy qui chante ſoir & matin
Dans le cabinet de l'Aurore,
Où ie voy ce riche butin
Qu'elle prend au riuage More,
L'or, les perles & les rubis
Dont ſes flames & ſes habits,
Ont iadis marqué la Cigalle,
Et tout ce ſuperbe appareil
Qu'elle deſrobeit au Soleil
Pour ſe faire aymer à Cephale.

Ie vis vn iour enseuelis
Deuant la Reyne d'Amathonte,
Tous les œillets & tous les lis
Que la terre cachoit de honte,
Car ie chantay l'hymne du pris
Qui fit voir que deuant Cypris
Tout autre beauté comparee,
Si peu les siennes esgalloit,
Qu'vn enfant cogneust qu'il falloit
Luy donner la pomme doree.

    Tous les iours la Reine des bois
Deuant mes yeux passe & repasse,
Et souuent pour ouyr ma voix
Se destourne vn peu de la chasse,
Souuent qu'elle se va baigner
Où rien ne l'ose accompagner
Que ses Dryades vagabondes,
I'ay tout seul ceste priuauté
De voir l'esclat de sa beauté
Dans l'habit de l'air & de l'onde.

    Mais i'atteste deuant les cieux
Dont ie tiens la voix & la vie,
Que mon iugement & mes yeux
Ayment mieux mille fois Siluie,
Vn de ses regards seulement
Qui partent si nonchalamment,
Donne à mes chansons tant d'amorce,
Et de si douces vanitez,
Que les autres diuinitez
N'en iouyssent plus que de force.

    Si mes airs cent fois recitez,
Comme l'ambition me presse,
Mesle tant de diuersitez

Aux chanſons que ie vous adreſſe,
C'eſt que ma voix cherche des traits,
Pour vn chacun de vos attraits:
Mais c'eſt en vain qu'elle ſe picque
De ſatisfaire à tous mes vœux,
Car le moindre de vos cheueux
Peut tarir toute ma muſique.

Quand ma voix qui peut tout rauir
Reüſſiroit à vous complaire,
Le ſoin que i'ay de vous ſeruir
Taſche en vain de me ſatisfaire;
Ie croy que mes airs innocens
Au lieu d'auoir flatté vos ſens
Leur ont donné de la triſteſſe,
Et que mes accens enroüez,
Au lieu de les auoir loüez:
Ont choqué leur delicateſſe.

Quand la nuict vous oſte d'icy
Et que ſes ombres couſtumieres,
Laiſſent ce cabinet noircy
De l'abſence de nos lumieres;
Auſſitoſt que i'oy le Zephyr
Me demande auec vn ſouſpir
Ce que vous eſtes deuenue:
Et l'eau me dit en murmurant,
Que ie ne ſuis qu'vn ignorant
De vous auoir ſi peu tenue.

O Zephires! ô cheres eaux
Ne m'en imputez point l'iniure,
I'ay chanté tous les airs nouueaux
Que m'apprit autrefois Mercure:
Mais que ma voix d'oreſnauant
N'aproche ny ruiſſeau ny vent,

Que l'air ne porte plus mes aisles,
Si dans le Printemps auenir
Ie n'ay dequoy l'entretenir
De dix mille chansons nouuelles.

    Ainsi finit ces tons charmeurs,
L'oiseau dont le gosier mobile
Souffle toussiours à nos humeurs
Dequoy faire mourir la bile.
Et bruslant apres son dessein
Il ramasse dedans son sein
Le doux charme des voix humaines,
La musique des instrumens
Et les paysibles roulemens
Du beau cristal de nos fontaines.

    Comme en la terre & par le Ciel
Des petites mouches errantes,
Meslent pour composer leur miel
Mille matieres differentes,
Formant ses airs qui sont ses fruicts,
L'oiseau digere mille bruicts
En vne seule melodie,
Et selon le temps de sa voix,
Tous les ans le Parc vn'efois
Le reçoit & le congedie.

ODE X.

ROssignol c'est assez chanté
  Ce Parc est desormais trop sombre,
Ie trouue Apollon rebuté
D'escrire si long temps à l'ombre,
Ces lieux si beaux & si diuers
Meritent chacun tous les vers
Que ie dois à tout le volume:
Mais ie sens croistre mon subiect,

Et tousiours vn plus grand obiect
Se vient presenter à ma plume.

    Ie sçay qu'vn seul rayon du iour
Meriteroit toute ma peine,
Et que ces estancs d'alentour
Pourroient bien engloutir ma veine,
Vne goute d'eau vne fleur,
Chaque fueille & chaque couleur
Dont Nature a marqué ces marbres,
Merite tout vn liure à part
Aussi bien que chaque regard
Dont Siluie a touché ces arbres.

    Mais les Myrtes & les Lauriers
De tant de beautez de sa race,
Et de tant de fameux guerriers
Me demandent desia leur place,
Saincts Rameaux de Mars & d'Amour
En quel si reculé seiour,
Vous plaist-il que ie vous apporte?
C'est pour vous immortels ameaux
Que i'abandonne ces ormeaux
Et foulle aux pieds leur fueille.

    Pour vous ie laise aupres de moy
Vne loge auiourd'huy deserte,
Que iadis pour l'amour d'vn Roy
Ces arbres ont ainsi couuerte,
Sous ce toict loing des Courtisans
De qui les soupçons mesdisans
N'ont iamais appris à se taire;
Alcandre a mille fois gousté
Ce qu'vn Prince à de volupté
Quand il trouue vn lieu solitaire,
    Ie dirois les secrets moments

Des faueurs des feintes malices,
Dont le caprice des Amants
Forme leur plainte & leur delices;
Mais si l'œil de Siluie vn iour
De ceste lecture d'Amour
Auoit surpris son innocence,
Ma prison me seroit trop peu,
Lors faudroit-il dresser le feu
Dont on peut punir ma licence.

  Suiuant le vertueux sentier
Où mon iuste dessein m'attire,
Ie laisse à gauche ce quartier
Pour le Faune & pour le Satyre;
Or quelque si pressant dessein
Qui m'enflame aujourd'huy le sein,
Quelque vanité qui m'appelle,
Ce seroit vn peché mortel,
Si ie ne visitois l'Autel
Estant si pres de la Chappelle.

    Que ces arbres sont bien ornez,
Ie suis rauy quand ie contemple.
Que ces promenoirs sont bornez
Des sacrez murs d'vn petit Temple,
Icy loge le Roy des Roys,
C'est ce Dieu qui porta la Croix,
Et qui fit à ses bois funebres
Attacher ses pieds & ses mains
Pour deliurer tous les humains
Du feu qui vit dans les tenebres.

    Son Esprit par tout se mouuant,
Fait tout viure & mourir au monde,
Il arreste & pousse le vent
Et le flux & reflux de l'onde ;

Il oste & donne le sommeil,
Il monstre & cache le Soleil;
Nostre force & nostre industrie
Sont de l'ouurage de ses mains,
Et c'est de luy que les humains
Tiennent race, & biens & patrie.

Il a fait le Tout du neant,
Tous les Anges luy font hommage,
Et le Nain comme le Geant
Porte sa glorieuse Image,
Il fait au corps de l'Vniuers
Et le sexe & l'aage diuers;
Deuant luy c'est vne peinture
Que le Ciel & chaque Element,
Il peut d'vn traict d'œil seulement
Effacer toute la Nature.

Tous les siecles luy sont presens,
Et sa grandeur non mesuree
Fait des minutes & des ans,
Mesme trace & mesme duree,
Son Esprit par tout espandu,
Iusqu'en nos ames desendu,
Voit naistre toutes nos pensees,
Mesme en dormant nos visions
N'ont iamais eu d'illusions
Qu'il n'ait auparanant tracees.

Icy muses à deux genoux,
Implorons sa diuine grace,
D'imprimer tousiours deuant nous
Les marques d'vne heureuse trace:
C'est elle qui nous doit guider,
Depuis celuy qui vint fonder,
La premiere Croix dans la France,

Iusqu'à

Iusqu'à sa race qui promet
De la planter chez Mahomet,
Auec la pointe de sa lance.

C'est où mon esprit enchaisné
Goustera par vn long estude
L'aise que prend mon cœur bien né
Quand il combat l'ingratitude,
Et si i'ay bien loüé les eaux,
Les ombres, les fleurs, les oiseaux,
Qui ne songent point à me plaire :
Lisis qui songe a mon ennuy
Verra sur sa race & sur luy
Ma recognoissance exemplaire.

Il faudroit que ce deuancier
Le plus vieux que ie veux produire,
Eust bien enroüillé son acier
Si ie ne le faisois reluire:
Mais les liures & les discours
Ont si bien conserué le cours
De ceste veritable gloire,
Que ie feray de mauuais vers,
Si vos tiltres les plus couuerts,
Ne font esclat en la memoire.

P

LETTRE DE THEOPHILE
A SON FRERE.

Mon frere mon dernier appuy,
Toy seul dont le secours me dure,
Et qui seul trouues auiourd'huy
Mon aduersité longue & dure,
Amy ferme ardant genereux
Que mon sort le plus mal-heureux,
Pique d'auanture à le suiure
Acheue de me secourir,
Il faudra qu'on me laisse viure
Apres m'auoir fait tant mourir.

Quand les dangers ou Dieu m'a mis
Verront mon esperance morte,
Quand mes iuges & mes amis
T'auront tous refusé la porte,
Quand tu seras las de prier,
Quand tu seras las de crier,
Ayant bien balancé ma teste
Entre mon salut & ma mort,
Il faut en fin que la tempeste
M'ouure le sepulchre ou le port.

Mais l'heure, qui la peut sçauoir ?
Nos mal-heurs ont certaines courses,
Et des flots dont on ne peut voir
Ny les limites ny les sources,
Dieu seul cognoist ce changement :
Car l'esprit ny le iugement,
Dont nous a pourueus la Nature,
Quoy que l'on vueille presumer

N'entend non plus noſtre aduanture,
Que le ſecret flux de la Mer.

Ie ſçay bien que tous les viuans,
Euſſent-ils iuré ma ruyne,
N'ayderont point mes pourſuiuans,
Malgré la volonté diuine,
Tous les efforts ſans ſon adueu
Ne ſçauroient m'oſter vn cheueu,
Si le Ciel ne les authoriſe
Ils nous menaſſent ſeulement,
Eux ny nous de leur entrepriſe
Ne ſçauons pas l'euenement.

Cependant ie ſuis abbatu,
Mon courage ſe laiſſe mordre,
Et d'heure en heure ma vertu
Laiſſe tous mes ſens en deſordre,
La raiſon auec ſes diſcours,
Au lieu de me donner ſecours,
Eſt importune à ma foibleſſe
Et les pointes de la douleur,
Meſme alors que rien ne me bleſſe
Me changent & voix & couleur.

Mon ſens noircy d'vn long effroy
Ne me plaiſt qu'en ce qui l'attriſte,
Et le ſeul deſeſpoir chez moy
Ne trouue rien qui luy reſiſte,
La nuiƈt mon ſomme interrompu,
Tiré d'vn ſang tout corrompu,
Me met tant de frayeurs dans l'ame,
Que ie n'oſe bouger mes bras,
De peur de trouuer de la flame,
Et des ſerpens parmy mes draſ.

Au matin mon premier obieƈt,

P. ij

C'eſt la cholere inſatiable,
Et le long & cruel projeɛ̃t
Dont m'attaquent le fils du Diable,
Et peut eſtre ces noirs Lutins
Que la hayne de mes deſtins
A trouué ſi prompts à me nuire,
Vaincus par des Demons meilleurs
Perdent le ſoin de me deſtruire
Et ſouflent leur tempeſte ailleurs.

　　Peut eſtre comme les voleurs
Sont quelquefois laſſez de crimes,
Les miniſtres de mes malheurs
Sont las de dechiffrer mes rimes:
Quelque reſte d'humanité
Voyant l'iniuſte impunité
Dont on flatte la calomnie:
Peut eſtre leur bat dans le ſein,
Et s'oppoſe à leur felonnie
Dans vn ſi barbare deſſein.

　　Mais quand il faudroit que le Ciel
Meſlat ſa foudre à leur bruyne,
Et qu'ils auroient autant de fiel
Qu'il leur en faut pour ma ruyne,
Attendant ce fatal ſuccez,
Pourquoy tant de fieureux accez
Me feront-il paſlir la face,
Et ſi ſouuent hors de propos
Auecques des ſueurs de glace:
Me troubleront-ils le repos?

　　Quoy que l'implacable courroux
D'vne ſi puiſſante partie,
Faſſe gronder trente verroux
Contre l'eſpoir de ma ſortie,

Et que ton ardente amitié
Par tous les soins de la pitié
Que te peut fournir la nature,
Te rende en vain si diligent
Et ne donne qu'à l'aduanture
Tes pas, tes cris, & ton argent.

I'espere toutesfois au Ciel
Il fit que ce troupeau farouche,
Tout prest à denorer Daniel,
Ne trouua ny griffe ny bouche,
C'est le mesme qui fit iadis
Descendre vn air de Paradis
Dans l'air bruslant de la fournaise
Où les Saincts parmy les chaleurs :
Ne sentirent non plus la braise
Que s'ils eussent foulé des fleurs.

Mon Dieu mon souuerain recours
Peut s'opposer à mes miseres,
Car ses bras ne sont pas plus courts
Qu'ils estoient au temps de nos peres,
Pour estre si prest à mourir
Dieu ne me peut pas moins guerir,
C'est des afflictions extremes
Qu'il tire la prosperité
Comme les fortunes supremes,
Souuent le trouuent irrité.

Tel de qui l'orgueilleux destin
Braue la misere & l'enuie
N'a peut estre plus qu'vn matin,
Ny de volupté ny de vie,
La fortune qui n'a point d'yeux
Deuant tous les flambeaux des Cieux,
Nous peut porter dans vne fosse,

Elle va haut, mais que sçait-on,
S'il fait plus seur dans sa Carosse
Que dans celle de Phaëton.

  Le plus braue de tous les Rois
Dressant vn appareil de guerre,
Qui deuoit imposer des loix
A tous les peuples de la terre,
Entre les bras de ses subiets
Asseuré de tous les obiets
Comme de ses meilleures gardes
Se vit frappé mortellement,
D'vn coup à qui cent hallebardes
Prenoient garde inutilement.

  En qu'elle place des mortels
Ne peut le vent creuer la Terre,
En quel Palais & quels Autels
Ne se peut glisser le tonnerre?
Quels vaisseaux, & quels matelets
Sont tousiours asseurez des flots,
Quelquefois des Villes entieres
Par vn horrible changement
Ont rencontré leurs Cimetieres
En la place du fondement.

  Le sort qui va tousiours de nuit
Enyuré d'orgueil & de ioye,
Quoy qu'il soit sagement conduit
Garde mal-aisement sa voye,
Hà que les souuerains decrets
Ont tousiours demeuré secrets
A la subtilité des hommes!
Dieu seul cognoist l'estat humain
Il sçait ce qu'auiourd'huy nous sommes,
Et ce que nous serons demain.

Or selon l'ordinaire cœurs
Qu'il fait observer à Nature
L'Astre qui preside à mes iours.
S'en va changer mon aduanture,
Mes yeux sont espuisez de pleurs
Mes esprits vsez de malheurs,
Viuent d'vn sang gelé de craintes,
La nuit trouue en fin la clarté,
Et l'excez de tant de contraintes
Me presagent ma liberté.

  Quelque lats qui me soit rendu
Par de si subtils aduersaires,
Encore n'ay-ie point perdu
L'esperance de voir Bousseres,
Encor vn coup le Dieu du iour
Tout deuant moy fera sa Cour,
Es riues de nostre heritage,
Et ie verray ses cheueux blons
Du mesme or qui luit sur le Tage
Dorer l'argent de nos sablons.

  Ie verray ces bois verdissants
Où nos Isles & l'herbe fraische
Seruent aux troupeaux mugissants
Et de promenoir & de Creche;
L'Aurore y trouue à son retour
L'herbe qu'ils ont mangé le iour,
Ie verray l'eau qui les abreuue
Et i'orray plaindre les graniers,
Et repartir l'escho du fleuue
Aux iniures des mariniers.

  Le pescheur en se morfondant
Passe la nuit dans ce riuage,
Qu'il croist estre plus abondant

Que les bords de la mer sauuage,
Il vend si peu ce qu'il a pris
Qu'vn teston est souuent le prix,
Dont il laisse vuider sa nasse,
Et la quantité du poisson
Deschire par fois la tirasse
Et n'en paye pas la façon.

S'il plaist à la bonté des Cieux
Encore vne fois à ma vie
Ie paistray ma dent & mes yeux
Du rouge esclat de la Pauie,
Encore ce brignon muscat
Dont le pourpre est plus delicat
Que le teint vny de Calisse
Me fera d'vn œil mesnager
Estudier dessus la piste
Qui me l'est venu rauager.

Ie cueilleray ces Abricots,
Les fraises à couleur de flames,
Où nos Bergers font des escots,
Qui seroient icy bons aux Dames,
Et ces figues & ces Melons,
Dont la bouche des Aquilons
N'a iamais sçeu baiser l'escorce,
Et ces iaunes muscats si chers,
Que iamais la gresle ne force
Dans l'asyle de nos Rochers.

Ie verray sur nos grenadiers
Leurs rouges pommes entr'ouuertes,
Où le Ciel comme à ses lauriers
Garde tousiours des fueilles vertes;
Ie verray ce touffu Iasmin
Qui fait ombre à tout le chemin

D'vne

D'vne assez spacieuse allee,
Et la parfume d'vne fleur
Qui conserue dans la gelee
Son odorat & sa couleur.

    Ie reuerray fleurir nos prez
Ie leur verray couper les herbes,
Ie verray quelque temps apres
Le paysan couché sur les gerbes,
Et comme ce climat diuin
Nous est tres-liberal de vin,
Apres auoir remply la grange,
Ie verray du matin au soir
Comme les flots de la vendange
Escumeront dans le pressoir.

    Là d'vn esprit laborieux
L'infatigable Bellegarde,
De la voix, des mains & des yeux
A tout le reuenu prend garde,
Il cognoist d'vn exacte soin
Ce que les prez rendent de foin,
Ce que nos troupeaux ont de leines,
Et sçait mieux que les vieux paysans
Ce que la montagne & la pleine
Nous peuuent donner tous les ans.

    Nous cueillirons tout à moitié
Comme nous auons fait encore,
Ignorans de l'inimitié,
Dont vne race se deuore
Et freres, & sœurs, & nepueux,
De mesmes soins, de mesmes vœux,
Flatans vne si douce terre,
Nous y treuuerons trop dequoy

Q

Y d'eut l'orage de la guerre
R'amener le Canon du Roy.

 Si ie paſſois dans ce loiſir
Encore autant que i'ay de vie,
Le comble d'vn ſi cher plaiſir,
Borneroit toute mon enuie,
Il faut qu'vn iour ma liberté
Se faſche en ceſte volupté;
Ie n'ay plus de regret au Louure,
Ayant veſcu dans ces douceurs,
Que la meſme terre me couure
Qui couure mes predeceſſeurs.

 Ce ſont les droits que mon pays
A meritez de ma naiſſance,
Et mon ſort les auroit trahis
Si la mort m'arriuoit en France;
Non, non quelque cruel complot,
Qui de la Garonne & du Lot,
Vueille eſloigner ma ſepulture
Ie ne dois point en autre lieu
Rendre mon corps à la Nature,
Ny Reſigner mon ame à Dieu.

 L'eſperance ne confond point
Mes maux ont trop de vehemence,
Mes trauaux ſont au dernier point,
Il faut que mon procèz commence;
Qu'elle vengeance n'a point pris
Le plus fier de tous ces eſſ-its
Qui s'irrite de ma conſtance,
Ils m'ont veu laſchement ſoubmis
Contrefaire vne repentance
De ce que ie n'ay point commis.

Hà! que les cris d'vn innocent,
Quelques longs maux qui les exercent
Trouuent mal-ayſement l'accent,
Dont ſes ames de fer ſe percent,
Leur rage dure vn an ſur moy
Sans trouuer ny raiſon ny loy,
Qui l'appaiſe ou qui luy reſiſte,
Le plus iuſte & le plus Chreſtien
Croit que ſa charité m'aſſiſté
Si ſa haine ne me fait rien.

L'enorme ſuitte de malheurs!
Dois-ie donc aux race meurtrieres,
Tant de fieures & tant de pleurs,
Tant de reſpects, tant de prieres,
Pour paſſer mes nuiêls ſans ſommeil,
Sans feu, ſans air, & ſans Soleil,
Et pour mordre icy les murailles:
N'ay-ie encore ſouffert qu'en vain,
Me dois-ie arracher les entrailles
Pour ſouler leur derniere faim?

Pariures infracteurs des loix,
Corrupteurs des plus belles ames,
Effroyables meurtriers des Rois,
Ouuriers de couſteaux & de flames,
Paſles Prophetes de tombeaux,
Fantoſme, Lougaroux, Corbeaux,
Horrible & venimeuſe engeance
Malgré-vous race des enfers,
A la fin i'auray la vengeance
De l'iniuſte affront de mes fers.

Derechef mon dernier appuy,
Toy ſeul dont le ſecours me dure,

Et qui seul trouues auiourd'huy
Mon aduersité longue & dure,
Rare frere, amy genereux,
Que mon sort le plus malheureux
Picque dauantage à le suiure,
Acheue de me secourir,
Il faudra qu'on me laisse viure
Apres m'auoir fait tant mourir.

F I N.